10대와 통하는 **땅과 집 이야기**

10대와 통하는 땅과 집 이야기

초판 제1쇄 발행일 2011년 6월 10일
개정판 제1쇄 발행일 2013년 11월 11일
개정판 제7쇄 발행일 2020년 3월 1일

글 | 손낙구
그림 | 김용민
기획 | 책도둑(김민호, 박정훈, 박정식)
기획에 도움 주신 분 | 김기옥, 문현식
디자인 | 이안디자인
발행인 | 김은지
발행처 | 철수와영희
등록번호 | 제319-2005-42호
주소 | 서울시 마포구 월드컵로 65, 302호(망원동, 양경회관)
전화 | (02)332-0815
팩스 | (02)6091-0815
전자우편 | chulsu815@hanmail.net

ⓒ 손낙구, 2013

ISBN 978-89-93463-45-3 43300

철수와 영희 출판사는 '어린이' 철수와 영희, '어른' 철수와 영희에게 도움 되는 책을 펴내기 위해
노력하고 있습니다.

인권으로 바라본 부동산 민주주의   손낙구 글 | 김용민 그림

10대와 통하는 **땅과 집 이야기**

철수와영희

땅과 집으로 살펴본 대한민국 구석구석

어머니께서 저를 낳으신 곳은 농촌 산골 마을의 초가집 안방이었습니다. 1960년대 초에는 저처럼 아이들 대부분이 집에서 태어났습니다. 어머니와 아버지 혼례도 집에서 치렀고, 돌아가신 할머니의 장례를 치른 곳도 집이었습니다.

물론 예외도 있습니다. 제 친구는 어머니가 밭에서 고구마를 캐다가 갑자기 진통을 시작하는 바람에, 고구마밭이 고향이 되었다고 하더군요.

여러분 중 몇몇을 제외하고는 대부분 병원에서 태어났을 겁니다. 결혼식도 예식장이나 호텔을 이용한 지 오래되었고, 장례식 역시 병원 영안실에서 거행하죠. 시대가 바뀜에 따라 태어나고 결혼하고 운명하는 공간이 집에서 건물로 바뀐 것입니다. 그러나 인간이 땅에서 태어나 땅에서 살다가 땅으로 돌아간다는 평범한 사실은 변하지 않았습니다.

땅과 그 위에 지은 집 또는 건물은 인간과 뗄 수 없는 존재입니다. 긴 인생 동안 하루 24시간을 땅과 집, 건물과 함께합니다. 여러분도 아침에 집에서 잠을 깨고, 학교에 갔다가, 다시 집으로 돌아와 잠을 자지 않습니까?

농촌에서 태어난 제가 도시로 이사 온 건 1970년대 초였습니다. 처음 탄 고속버스에서 멀미를 하는 바람에, 점심 대신 손에 꼭 쥐고 있던 맛있어 보이는 빵과

큼지막한 배도 먹지 못한 채 당시 고속버스 터미널이 있던 서울 동대문 근처에 도착했습니다.

그때 제 눈에 들어온 서울 풍경이 지금도 보이는 듯합니다. 초가집밖에 없던 농촌에 살다 온 저에게, 온통 빨간색 지붕이 다닥다닥 붙어 장관을 이루고 있던 서울의 집들은 경이롭기까지 했습니다.

저의 10대가 끝난 지도 30년이 지났으니 그 사이 세상이 많이 변한 것은 당연합니다. 저는 10대 때 연탄가스에 중독돼 죽을 고비를 넘긴 적도 있습니다만, 지금은 극히 일부를 제외하고는 연탄이 아니라 가스나 석유를 난방 연료로 사용하니 그럴 염려는 많이 줄었습니다. 부엌이나 화장실, 욕실이 살기 편하게 발전된 것은 말할 것도 없습니다. 도시 곳곳의 빨간색 지붕이 사라지고 아파트촌이 들어서기 시작하더니, 지금은 무려 80층 299미터나 되는 집도 등장했습니다. 정말 많이 변했습니다.

그러나 변하지 않는 것이 있으니, 바로 '이사 다니는 한국인'입니다. 서울로 올라오면서 시작된 저의 10대 생활은 이사와 전학의 연속이었습니다. 언젠가 제가 몇 번이나 이사를 했나 세어 본 적이 있는데, 손가락이 여럿 접히다가 나중에는 기억도 잘 안 나더군요. 여러분은 태어나서 지금까지 몇 번이나 이사를 했나요? 이사는 동네와 집, 학교, 이웃, 친구, 추억 등 가족만 빼고 모든 게 다 바뀌는 것입니다. 물론 더 살기 편한 동네, 좋은 집으로 옮긴다면 기쁜 일입니다. 그러나 대부분은 딱히 좋은 곳으로 가는 것도 아니고, 경우에 따라서는 더 불편한 집으로 옮겨 가는 사람이 많습니다.

전 국민이 정든 삶의 터전을 뒤로하고 5년에 한 번꼴로 이사를 다니는 것은 국제적으로도 참 이상한 일입니다. 유목민도 아니고 한곳에 오래 정착해서 살던 농경민족이 어쩌다 이렇게 되었을까요?

이사만 문제가 아닙니다. 외국에서 아파트는 주로 가난한 사람들이 사는 집인데, 왜 한국에서는 주택의 '대표 선수'로 대접받게 된 것일까요? 왜 집값, 땅값이 터무니없이 올랐을까요? 왜 '부동산' 하면 '투기'라는 단어가 연상되는 나라가 되었을까요? 살기 좋은 동네를 만들자는 재개발은 왜 언제나 갈등의 현장이 되는 걸까요?

어쩌다가 서울과 경기도 땅을 팔면 캐나다를 살 수 있을 정도로 땅값이 비싼 나라가 되었을까요? 어쩌다가 직장인이 절약해 돈을 모아 서울에서 집 한 채를 사는 데 29년이 걸리는 나라가 되었을까요?

왜 핵전쟁이나 대지진이 나도 살아남을 수 있는 현대판 노아의 방주와도 같은 집에 사는 사람이 있는 반면에, 141만 명이나 되는 사람들이 구석기 시대도 아닌데 땅속이나 동굴, 움막집에 사는 나라가 되었을까요? 민주주의가 정착돼 가는데도 불구하고 부동산 문제는 해결되기는커녕 뒷걸음 치는 이유는 무엇일까요?

어른들의 세계에서 부동산은 단연 최고의 화젯거리입니다. 그러나 어른이 돼서 부동산을 알면 늦다는 게 제 생각입니다. 태어나서 죽을 때까지 어느 한순간도 부동산과 헤어져서 살 수 없는 게 인간입니다.

10대가 발 디딘 곳, 비와 눈과 바람과 소음으로부터 10대가 보호받는 곳, 10대를 꿈나라로 안내하는 곳이 바로 부동산입니다. 나아가 10대의 삶을 다르게 하는 것도 부동산입니다.

이 책은 10대의 눈높이에서 살펴보고 만져 보고 느껴 보는 '땅과 집으로 본 대한민국 구석구석'이라 할 수 있습니다. 문제를 짚어 보고 원인을 따져 볼 뿐 아니라, 집과 땅을 투기의 수단이 아니라 삶의 터전이자 안식처로 자리 잡게 할 수 있는 길을 찾아보려 합니다.

2013년 11월 손낙구

나하고 땅과 집은 어떤 관련이 있나요?

땅값과 집값이 지금처럼 비싸지 않다면 여러분은 지금보다 훨씬 넓은 방과 큰 집에서 청소년기를 보낼 수 있을 것입니다. 설령 집이 없어 셋방에 살더라도 자주 이사 다니는 일도 없을 것이고, 친구들도 오랫동안 사귈 수 있겠지요.

1. 나하고 땅과 집은 어떤 관련이 있나요?

10대의 눈높이에서 바라본 땅과 집

어른들의 세계에서 땅과 집 즉, 부동산은 삶에서 빠질 수 없는 중요한 문제입니다. 인생의 가장 큰 걱정거리이자 목표가 내 집 마련이니까요. 부동산(不動産)이란 '움직여 옮길 수 없는 재산'을 가리킵니다. 튼튼히 고정되어 움직이지 않는 재산이란 뜻이죠. 땅과 그 위의 집과 건물, 나무 등을 다 합친 말인데, 그중 가장 큰 비중을 차지하는 게 땅과 집입니다. 따라서 부동산은 주로 땅과 집을 말합니다.

그런데 아직 스무 살도 안 된 여러분과 부동산은 어떤 관련이 있을까요? 부동산은 여러분과도 깊은 관련을 맺고 있습니다. 부동산 가격이 비싼 도시에 살 경우 여러분이 생활하는 데 필요한 도서관, 학교 등의 시설을 마련하는 데 많은 비용이 들어갈 수밖에 없습니다.

도심에 부족한 게 많지만 특히 공원이 드문 게 아쉽습니다. 도심 군데군데에 나무가 울창한 숲이 들어차 있다면 여러분은 얼마나 기분 좋게 살겠습니까. 그러나 땅값이 금값처럼 비싼 현실에서는 공원이 들어설 땅을 마련하는 데만 엄청난 비용이 들기 때문에 쉽지 않습니다. 학교 시설도 마찬가지겠지요. 부동산 가격이 터무니없이 비싸지 않다면 여러분들에게 훨씬 넓고 좋은 시설을 제공할 수 있을 것입니다.

영화를 보러 극장에 갈 때에도, 햄버거 가게를 이용할 때에도 부동산은 여러분을 놓아주지 않습니다. 여러분이 사는 물건에 비싼 부동산 가격이 다 반영돼 있기 때문이죠. 물건을 팔아 생활하는 가게나 식당 주인들도 비싼 임대료를 물건 값에 포함하지 않을 수 없습니다. 결국 땅과 건물 가격이 비싼 만큼, 그 대가를 모든 국민이 날마다 지불하고 있는 셈입니다.

땅값과 집값이 지금처럼 비싸지 않다면 여러분은 지금보다 훨씬 넓은 방과 큰 집에서 청소년기를 보낼 수 있을 것입니다. 설령 집이 없어 셋방

에 살더라도 자주 이사 다니는 일도 없을 것이고, 친구들도 오랫동안 사귈 수 있겠지요.

예를 들자면 끝이 없습니다. 태어나면서부터 죽을 때까지 사람들의 생활은 부동산과 뗄 수 없기 때문입니다. 더 중요한 문제는 여러분이 나이를 한 살 두 살 더 먹게 될수록 부동산 문제와 더 가깝게 얽힌다는 점입니다.

거리가 먼 대학에 진학할 경우엔 당장 문제가 됩니다. 기숙사가 부족하거나 심지어 아예 없는 대학교도 많기 때문입니다. 서울에 있는 대학의 기숙사 수용률은 20%에 불과합니다. 학생 수가 100명이라면 기숙사에 들어갈 수 있는 인원은 20명 정도입니다. 더구나 요즘엔 가격이 비싼 이른바 '명품 기숙사'까지 등장해 비용도 만만치 않습니다.

어쩔 수 없이 대학 근처에서 하숙을 하거나 자취방을 구해야 하는데, 가격이 매우 비쌉니다. 왜냐하면 도시의 집값과 전월세(전세와 월세) 가격이 워낙 비싼 데다, 일정한 수요가 유지되는 대학가는 더 비싸기 때문입니다.

대학을 졸업한 뒤에는 부동산과 더 가까워집니다. 부모님으로부터 독립하려면 방을 구해야 하는데 여기에 큰 비용을 들여야 합니다. 지금까지처럼 집값이 계속 오른다면 취직을 해도 오르는 전월세 가격을 감당하기가 벅찰 수밖에 없습니다. 결혼을 앞두고는 '자식을 먼저 낳을지, 내 집을 먼저 마련할 것인지.' 선택해야 하는 해답 없는 과제를 피하기도 어렵습니다.

앞으로 저는 부동산 문제를 올바로 해결하는 것이 삶에서 얼마나 중요한지 말하려 합니다.

그렇다면 인간에게 부동산, 즉 땅과 집이란 무엇일까요? 또 땅과 집은 어떤 성질이 있을까요?

숨 쉴 공기를 돈 내고 사라고?

어떤 나라에 욕심 많은 큰 부자가 살고 있었습니다. 돈 버는 일이라면 물불을 가리지 않던 이 부자는 어느 날, 여태껏 벌어 보지 못한 어마어마한 돈을 벌 수 있는 생각을 해냈습니다.

"음, 역시 돈 버는 데는 날 따라올 사람이 없어." 빙그레 웃던 부자는 그날부터 엄청나게 큰 비닐봉지를 만들기 시작했습니다. 얼마나 컸는지 그 나라 전체를 다 담을 수 있을 정도였습니다.

대형 비닐봉지를 다 만든 부자는 그 나라 공기를 모두 담았습니다. 그리고 국민들에게 말했습니다. "국민 여러분, 앞으로 숨을 쉬려거든 나에게 공기를 사십시오. 가격은 싸게 해 드리겠지만 공짜는 절대 없습니다."

그날부터 국민들은 공기를 사서 숨을 쉬어야 했습니다. 부자는 하루가 다르게 돈을 벌었습니다. 그러나 국민들은 갈수록 힘에 겨워했습니다. 공기를 팔아먹는 부자가 싫었지만 그렇다고 사지 않을 수도 없었습니다. 숨을 쉬지 않으면 살 수 없기 때문이지요.

가난한 사람일수록 더 힘들었습니다. 너무 가난해서 공기를 살 수 없었던 어떤 가족은 숨을 참다가 쓰러지기도 했습니다. 경제가 어려워 실업자가 늘어날 때는 더 많은 사람이 고통을 겪어야 했습니다.

마침내 국민들이 들고일어났습니다. 문제의 비닐봉지를 찢어 버리고 욕심쟁이 부자를 감옥에 가둬 버렸습니다. 그리고 앞으로 공기를 독차지해서 돈을 받고 파는 사람이 나오면 바로 감옥에 가둘 수 있도록 하는 법을 만들었습니다.

왜냐하면 공기 없이는 누구도 살 수 없기 때문입니다. 공기는 함께 누려야 할 자연의 일부이지, 돈이 많고 지위가 높다고 해서 그것을 독차지해서는 안 되기 때문입니다.

물도 마찬가지입니다. 물이 귀한 사막에서 하나밖에 없는 우물을 누군가 독차지한다면 그곳에 사는 사람뿐 아니라 동물들은 더 이상 살 수 없게 되겠지요.

인간에게 땅이란 무엇인가?

땅은 어떨까요? 공기나 물과 마찬가지로 땅 없이는 누구도 생존할 수 없습니다. 땅을 딛지 않고 살 수 있는 인간은 없습니다.

땅이나 공기, 물은 인간이 만들어 낸 것이 아니라 인간이 출현하기 이전부터 존재했습니다. 과학자들에 따르면 지구는 50억 년 전에, 생명체는 30억 년 전에 생겼습니다. 그 후 엄청난 시간이 흘러, 지금으로부터 약 300만 년 전에 원시 인류가 출현하였습니다.

인간은 이미 존재하던 땅에서 태어나, 그 땅 위에 집을 짓고, 그 땅에서 먹을 것을 구해 살았습니다. 그리고 죽어서는 땅에 묻혔습니다. 오늘날 인간 사회는 매우 복잡한 것 같지만 이 원리는 변하지 않았습니다.

아주 오랜 옛날부터 인간과 땅은 서로 뗄 수 없는 관계이며, 인간은 땅의 품에 안긴 자연의 일부라고 생각한 것도 그 때문입니다. 고대 인도인에게 땅은 '만물의 혼'이었으며, "인간이 땅을 소유하는 게 아니라 땅이 인간을 소유하는 것"이었습니다.

현재의 미국 땅에 백인들보다 훨씬 오래전부터 살고 있었던 인디언들도 비슷하게 생각했습니다. 1854년 프랭클린 피어스 미국 대통령이 땅을 팔라고 하자 인디언 추장 시애틀은 이렇게 말했습니다.

"어떻게 당신은 하늘을, 땅의 체온을 사고팔 수가 있는가? 우리로서는 이해할 수 없는 얘기다. 신선한 공기나 반짝이는 시냇물을 어떻게 소유할 수 있단 말인가? 소유하지 않은 것들을 어떻게 팔 수 있단 말인가? (…) 우리는 땅의 한 부분이고

땅은 우리의 한 부분이다. 향기로운 꽃은 우리의 자매다. 사람, 말, 큰독수리, 이들은 우리의 형제들이다. 바위산 꼭대기, 풀의 수액, 조랑말과 인간의 체온 모두가 한가족이다.”

결국 땅은 백인들에게 빼앗겼지만 인디언들의 고귀한 사상은 오늘날까지도 전해져 오고 있습니다. 미국 워싱턴 주에 있는 도시 시애틀은 당시 인디언 추장의 이름을 따서 지은 것입니다.

자연의 일부인 땅은 모든 생명체와 함께 누려야 할 삶의 터전입니다. 땅은 인간이 잠시 빌려 쓰는 것일 뿐, 누군가 독차지해서 탐욕을 채우는 수단으로 써서는 안 되는 것입니다.

땅은 한정돼 있고 더 늘릴 수 없습니다. 지구 표면적 5억 1,000만km²의 71%인 3억 6,000만km²는 바다이고 19%는 사막이나 빙하와 같이 사람이 살 수 없는 곳입니다. 결국 지구 표면적의 10%에 불과한 땅에 70억 명이 넘는 세계 인구가 살고 있는 것입니다.

1800년 약 10억 명이던 세계 인구는 1900년 17억, 1950년 25억, 2000년 61억, 2013년 70억 명으로 갈수록 늘어나고 있지만 땅은 더 이상 늘어날 수 없습니다. 땅은 더 필요하다고 해서 새로 만들어 낼 수 없기 때문입니다.

　콜럼버스는 1492년 아메리카 신대륙을 발견해 새로운 땅을 찾아냈지요? 역사적으로 보면 전쟁을 일으켜 영토를 넓히는 일도 많았습니다. 그러나 이것은 남의 땅을 빼앗은 것이지 땅을 새로 만든 것은 아닙니다. 오늘날 지구 상에는 더 이상 새로 찾아낼 땅도 없고, 과거처럼 전쟁으로 땅을 뺏는 일도 가능하지 않습니다.

　바다를 메우는 간척 사업도 땅을 넓히는 한 방법으로 사용됐습니다. 그러나 전체와 비교해 볼 때 그 넓이가 얼마 되지 않습니다. 더구나 소중한 갯벌을 없앰으로써 자연을 파괴하는 결과를 낳을 수 있기 때문에 한계가 있습니다.

　웬만한 상품은 부족하면 외국에서 수입하면 됩니다. 배추값이 오르면 중국에서, 커피 마시는 사람이 늘어나면 브라질에서 수입하면 되지 않습니까? 그러나 땅은 그럴 수 없습니다. 땅은 움직이지 않기 때문이지요.

　또한 땅은 그 쓰임새가 가지각색입니다. 농업 사회에서는 대부분 농지로 이용되었지만 산업 사회가 되면서는 그 위에 공장이 세워졌습니다. 마을이 커지고 도시가 등장하자 땅의 쓰임새가 훨씬 다양해졌습니다. 땅은 어떻게 쓰느냐에 따라 쪼개지기도 하고 합쳐지기도 하는 등 변신의 천재이기도 합니다.

땅은 필요로 하는 사람은 많은데 새로 만들 수는 없기 때문에 가격이 비쌉니다. 더구나 변신의 천재이기 때문에 어디에 어떻게 사용하느냐에 따라 가격이 올라갈 수도 있고, 반대로 내려갈 수도 있습니다.

이처럼 땅은 인간과 생명체의 생존에 없어서는 안 될 소중한 존재임과 동시에 매우 특수한 성질의 소유자이기 때문에 주의해서 다뤄야 합니다.

인간에게 집이란 무엇인가?

인간은 집을 지어 땅에 뿌리를 내리고 자연의 일부로 살아왔습니다. 그러면 인간이 살아가는 데 집이 어떤 의미가 있는지 달팽이의 경우와 비교해서 알아볼까요?

지구 상에 있는 달팽이 종류는 무려 3만 5,000종에 달하는데, 민달팽이를 빼고는 모두 껍데기가 있습니다. 달팽이는 이미 알 속에서 만들어진 껍데기를 갖고 태어난다고 하죠. 자신이 평생 살 '집'을 등에 지고 세상 밖으로 나오는 것입니다. 달팽이 박사 권오길 선생님의 말씀에 따르면 이 껍데기는 달팽이가 살아가는 데 없어서는 안 될 중요한 장치라고 합니다.

달팽이는 새나 딱정벌레와 같은 천적이 나타나면 재빨리 껍데기 속으로 몸을 숨깁니다. 인간에게 집이 동물이나 도둑으로부터 자신과 가족을 보호해 주는 은신처이듯이 달팽이에게 껍데기도 똑같은 구실을 하는 셈이죠.

무덥고 건조한 여름이면 달팽이는 몸을 움츠려 껍데기 안으로 들어갑

니다. 그리고 입구에 점액으로 단단히 막을 쳐서 '뚜껑'을 만듭니다. 이를 통해 더위를 막고 수분이 증발되는 것도 막습니다. 추운 겨울에도 달팽이는 껍데기 안에 들어가 '뚜껑'을 닫아 몸이 얼지 않도록 합니다. 그리고 쿨쿨 잠을 자지요.

마치 인간이 무더운 여름엔 집에 들어가 선풍기나 에어컨을 켜서 더위를 피하고, 겨울엔 난방을 따뜻하게 해서 추위를 견디듯이 달팽이에게 껍데기는 냉난방이 잘 되는 고급 주택인 셈이죠.

해가 지나 달팽이 몸이 자라면 껍데기도 따라서 커집니다. 아이가 자라고 식구가 늘면 집을 넓히듯이 말입니다. 또 껍데기에 상처가 나거나 구멍이 뚫리기라도 하면 달팽이는 탄산칼슘 성분의 수용성 단백질을 분비하여 이를 수리한다고 합니다. 지붕에 구멍이 뚫려 비가 새면 집을 수리하듯이 말입니다.

만약 이처럼 소중한 껍데기가 없다면 어떻게 될까요? 그것은 달팽이에게 죽음을 의미합니다. 천적이 나타나면 도리 없이 잡아먹히거나, 더위나 추위를 견딜 수 없을 테니까요. 인간도 마찬가지입니다. 집이 없다면 개인과 가족이 정상적으로 살아갈 수 없습니다.

달팽이나 인간뿐 아니라 모든 생명체는 집에서 삽니다. 새는 둥지에서, 곰은 동굴에서 살고 강물이나 바다 속 물고기도 제각각 집이 있습니다. 모두에게 집이란 자신과 가족을 보호하고 편안히 쉴 수 있으며, 잠을 자고 자손을 키우는 나만의 공간입니다. 어떤 생명체도 집 없이는 살 수 없지요. 집은 땅과 마찬가지로 인간 생활에 없어서는 안 되는 삶의 공간입니다.

땅 위에 짓는 집의 성질 또한 땅과 닮은 점이 많습니다. 즉, 옮길 수 없고 무한정 늘리기가 곤란하다는 것입니다. 물론 땅과 달리 집은 인간의 노력으로 어느 정도 늘릴 수는 있습니다. 고층 아파트처럼 같은 면적의 땅이라 하더라도 최대한 활용하는 방법이 있을 수 있는 것입니다. 하지만 아무리 고층이라 하더라도 하늘 끝까지 올라갈 수는 없습니다.

또 아파트만 지어서 되는 게 아니라 그에 따르는 도로, 상하수도, 전기 등 모든 시설이 동시에 갖춰져야만 사람이 살 수 있습니다. 그뿐만 아니라 집을 무한정 짓게 될 경우 따르게 될 자연 파괴도 걱정하지 않을 수 없습니다.

결국 집 또한 인간 생활에 반드시 필요한 존재임과 동시에 땅에 못지않은 특수한 성질의 소유자이기 때문에 잘 다뤄야 합니다.

땅과 집을 다루는 방법

그렇다면 특수한 성질을 소유하고 있는 땅과 집은 어떻게 다루는 게 좋을까요?

첫째, 모든 사람이 이용하기에 불편하지 않도록 해야 합니다. 왜냐하면 인간이라면 모두가 땅에 발을 딛고 그 위에 세운 집에서 살기 때문입니다. 가난하다고 해서 땅을 디딜 수 없게 하거나 집 없이 살라고 한다면 인간으로서 생존을 포기하라는 것과 같습니다.

둘째, 땅과 집을 최소한의 비용으로 최대한 이용할 수 있도록 해야 합니다. 땅값이 비싸면 공장이나 사무실 또는 가게를 운영하는 데 부담을 주어 경제생활은 타격을 받게 됩니다. 집값이 비싸면 땀 흘려 번 돈 대부분을 집 구하는 데 쓰게 되어 생활이 쪼들릴 수밖에 없습니다.

셋째, 땅이나 집을 소수가 독차지해서 돈벌이 수단으로 악용하지 못하도록 해야 합니다. 사유재산을 인정하는 자본주의 경제 제도라 하더라도 땅과 집은 특수하게 다뤄야만 합니다. 그렇지 않으면 앞서 공기를 독차지해 돈을 벌려 한 부자와 같은 사람이 생기고, 땅값과 집값이 계속 오를 수밖에 없습니다.

넷째, 앞의 세 가지가 가능하려면 땅과 집의 가격을 시장에만 맡겨 사고파는 사람들이 알아서 결정하도록 해서는 안 됩니다. 정부가 땅과 집을 누군가 독차지하고 있지 않는지 잘 감시하고, 가격이 너무 치솟아 국민들이 고통을 받고 있지는 않은지 세심하게 살피고 싼값을 유지하는 정책을 펼쳐야 합니다.

땅은 언제부터 사고팔게 되었나요?

만약 땅이 누구의 소유도 아니라면 살 필요도 없겠죠. 땅을 사고판다는 것은 땅이 누군가의 소유로 돼 있다는 말입니다.

수백만 년 전에 지구에 등장한 최초의 인류는 오스트랄로피테쿠스입니다. 우리말로 옮기면 '남쪽의 사람 원숭이'라는 뜻입니다. 이들도 땅을 사고팔았을까요? 아닙니다. 그들에게 땅은 주인 없는 자연 그 자체였기 때문에 사고판다는 개념조차 없었지요.

'남쪽의 사람 원숭이' 이후 오늘날까지 수백만 년의 인류 역사를 하루 24시간으로 친다면, 뭔가를 사고팔기 시작한 것은 밤 11시 57분부터라 하겠습니다. 인류가 한곳에 정착해 농사를 지으면서 먹고 쓰다 남는 게 생겼는데 이때부터 '내 것' 또는 '네 것'이라는 소유 개념이 생겼습니다. 하지만 그 뒤로도 오랫동안 땅은 '내 것'이라기보다는 '우리 마을 것', '우리 부족 것', '신이나 왕의 것'이었기 때문에 사고파는 일이 드물었습니다.

땅에 가격을 매기고 본격적으로 사고팔기 시작한 것은 자본주의 사회가 시작된 밤 11시 59분 30초 무렵이라 하겠습니다. 자본주의 사회는 어떤 것이든 개인이 소유할 수 있는 사유재산 제도를 기둥으로 삼기에, 땅도 물건처럼 소유하고 자유롭게 사고팔게 된 것이죠.

땅을 사면 땅 위와 땅 밑도 소유할 수 있나요?

김개똥이란 사람이 땅을 산 뒤 "여기는 내 땅이니 들어오지 마라. 내 땅 위 하늘도 내 것이고 땅 밑도 내 것이다." 이렇게 주장한다면 맞는 얘기일까요? 네, 어느 정도는 맞습니다. 개똥이가 갖는 권리는 세 가지인데요. 바로 지표권, 공중권, 지하권입니다. 지표권은 땅 표면에 농작물을 심거나 집 또는 건물을 지어 사용할 수 있는 권리입니다. 공중권은 땅 위 공중 공간을 다른 사람의 방해 없이 어느 정도 높이까지 이용할 수 있는 권리입니다. 지하권은 그 땅 밑의 지하 공간을 사용하거나 그로부터 이익을 얻을 수 있는 권리를 말합니다.

그렇다면 공중 몇 미터, 땅속 몇 미터까지 개똥이 것일까요? 하늘 끝까지, 또 땅속 지구 중심까지 개똥이 것일까요? 하늘이나 땅속 끝까지는 아닙니다. 민법 212조에 따르면 '정당한 이익이 있는 범위'까지 개똥이 것입니다. 5미터라든지 10미터라든지 정확히 정하지 않고 '정당한 이익의 범위'라고 정한 것은 경우에 따라 다르기 때문인데요. 애매해서 다툼이 생길 법합니다. 이러면 결국 법원에서 판단을 내리게 됩니다.

집은 최소한의 인권이다

집 문제와 관련된 인권은 바로 인간다운 주거 생활을 누릴 권리 즉, 주거권(housing rights)입니다. 지붕과 벽, 창문만 있으면 되는 게 아니라 그 안에 사는 사람이 최소한 인간답게 사는 데 아무런 문제가 없어야 한다는 것입니다.

2. 집은 최소한의 인권이다

집과 인권은 어떤 관계일까?

"어린이와 청소년도 인권을 보장받을 권리가 있습니다."

1989년 유엔(UN)은 '어린이 청소년 권리 협약'을 채택하고 세계의 어린이와 청소년들이 존엄한 인격을 지닌 인간으로서 어엿하게 대우받고 인권을 보장받을 수 있도록 했습니다.

'어린이 청소년 권리 협약' 내용 중 몇 가지를 소개하면 다음과 같습니다.

제12조 어른이 우리에게 어떤 방식으로든 영향을 주는 결정을 내릴 때 우리에겐 우리의 의견을 말할 수 있는 권리가 있다. 그리고 어른은 우리의 의견을 진지하게 받아들여야 한다.

제14조 우리는 우리가 원하는 대로 생각할 권리가 있고, 우리 자신의 종교를 정

할 권리가 있다. 부모님은 무엇이 옳고 그른지 배울 수 있도록 우리를 도와주어
야 한다.

제16조 우리는 사적인 삶을 누릴 권리가 있다.

제19조 아무도 어떤 식으로든 우리를 해쳐서는 안 된다. 어른들은 우리가 매맞거
나 무관심 속에 내버려지게끔 놔두지 말고 우리를 보호해 줘야 한다. 우리의 부
모님에게도 우리를 해칠 권리가 없다.

제27조 우리는 적절한 생활수준을 유지할 권리가 있다. 부모님은 우리에게 먹을
것, 입을 것, 살 곳 등을 주어야 하고, 만일 부모님이 어렵고 힘든 경우에는 나라
에서 부모님을 도와주어야 한다.

제31조 우리에겐 쉬고 놀 수 있는 권리가 있다.

또한 우리나라가 1991년 비준한 유엔 아동권 협약 27조 3항에서도 국

가는 아동을 양육하는 부모나 보호자를 돕기 위한 적절한 수단을 마련하도록 하고 있습니다.

어때요, 여러분은 유엔이 보장한 어린이와 청소년의 인권을 제대로 누리고 있나요? 여기서 말하는 인권이란 무엇일까요?

우리는 모두 인간입니다. 인간은 태어나면서부터 기본적 권리를 갖습니다. 이것이 바로 사람(人)이라면 누구나 갖는 권리(權利) 즉, 인권(人權)입니다. 인권은 인간이라면 누구나 누리는 당연한 권리이자, 인간다운 삶의 출발점입니다.

1948년 유엔 총회는 '세계 인권 선언'을 채택하고 모든 국가는 국민의 인권을 보장할 의무가 있다고 규정했습니다. 그 이래로 대다수 나라는 헌법에 세계 인권 선언의 기본 정신을 반영하여 국민의 인권을 기본권으로 보장하고 있습니다. 대한민국 역시 1948년 헌법 제정 당시부터 국민의 기본권 보장을 국가의 의무로 삼고 있습니다.

인권은 크게 두 분야로 나뉩니다. 하나는 정치권력으로부터 인간의 생명과 자유, 안전을 지킬 권리로 자유권이라 부릅니다. 고문이나 체포·구금·추방당하지 않을 자유, 사상과 양심·종교의 자유, 언론·집회·시위·결사의 자유, 부당하게 차별받지 않을 권리, 재판을 받을 권리, 정치에 참여할 권리 등이 여기에 속합니다.

자유권과 함께 인권을 구성하는 중요한 권리가 바로 사회권입니다. 사회권이란 최소한의 인간다운 생활을 누릴 권리를 말합니다. 의식주와 의료 등 적절한 생활수준을 누릴 권리, 일할 권리나 노동 삼권, 휴식과 여가를 누릴 권리, 교육받을 권리, 문화를 누릴 권리, 사회 보장을 받을 권리 등이 사회권에 속합니다.

인류 역사를 돌이켜 보면 인권은 저절로 주어지는 게 아니라 끊임없는 노력으로 쟁취해 왔습니다. 우리나라에서도 일찍부터 헌법에 국민의 기본권이 보장되어 있었지만, 실제로는 잘 지켜지지 않았습니다. 인권 보장과 민주주의 실현을 요구하는 국민들의 투쟁이 있고 나서야 점차 지켜지기 시작했습니다.

그렇다면 인권과 집 문제는 어떤 관련이 있을까요? 바로 사회권 즉, 최소한의 인간다운 생활을 할 권리와 관련이 깊습니다.

인간답게 살기 위해 필요한 것은 어떤 게 있을까요? 매우 많은 것이 필요하겠지만, 가장 기초적인 조건은 바로 의식주 즉, 인간 생활의 3요소라고 할 수 있습니다.

먹지 못하고, 입지 못하고, 또 잠자고 쉴 집이 제대로 갖춰져 있지 않다면 다른 어떤 것이 잘 보장돼 있다 해도 인간다운 생활을 하기가 어렵기 때문입니다.

집 문제와 관련된 인권은 바로 인간다운 주거 생활을 누릴 권리 즉, 주거권(housing rights)입니다. 지붕과 벽, 창문만 있으면 되는 게 아니라 그 안에 사는 사람이 최소한 인간답게 사는 데 아무런 문제가 없어야 한다는 것입니다.

그렇다면 인간다운 주거 생활을 위해서 구체적으로 어떤 권리가 보장돼야 할까요? 유엔 사회인권 위원회는 1991년 발표한 논평에서 적절한 주거 보장을 위해서는 구체적으로 일곱 가지가 지켜져야 한다고 했습니다. 그 내용을 하나씩 살펴보겠습니다.

쫓겨나지 않는 집, 위생적인 집, 비싸지 않은 집

첫째, 살던 집에서 쫓겨나지 않고 살 수 있어야 합니다.

2009년 1월 20일 새벽 서울 용산구에서 철거민 다섯 명과 경찰 한 명이 목숨을 잃은 '용산 참사' 사건이 일어났습니다. 재개발이 이뤄지던 동네에서 적절한 대책을 요구하던 세입자들을 경찰이 진압하는 과정에서 큰불이 났기 때문이지요. 이 사건의 근본 원인은 건설 업체와 재개발 조합이 세들어 사는 사람들에게 적절한 보상금이나 이주 대책도 세워 주지 않고 법 절차까지 무시해 가며 한겨울에 폭력을 동원해 쫓아내려 한 데 있습니다.

유엔이 보장하고 있는 주거권에 따르면 용산 참사의 경우와 같이 세들어 살던 사람을 강제로 내쫓는 일은 금지되어야 합니다. 만약 이런 일이 허용된다면 인간다운 주거 생활은 보장받지 못하기 때문이지요.

집주인이 전월세금을 올려 주든지 아니면 나가든지 선택하라며 사실상 세들어 사는 사람을 이사 가도록 하는 일 또한 인간다운 주거 생활을 어렵게 하는 것입니다. 같은 집에서 적어도 10년은 계속 살 수 있도록 제도를 고치고 정책을 펴야 할 의무가 국가에 있는 것입니다.

둘째, 건강하고 위생적인 생활을 누릴 수 있어야 합니다.

이를 위해 정부는 적절한 주거 기반 시설과 서비스를 갖춰 줘야 할 의

무가 있습니다.

예를 들어 비닐하우스촌에 사는 가난한 주민들은 자기 집에 주소지를
두는 것조차 허용되지 않고 있습니다. 그 결과 아이들의 주소지가 친척
집으로 돼 있어 한 시간도 넘게 걸리는 먼 학교에 다니는 경우도 있습니

다. 심지어 전기나 수도조차 제대로 공급해 주지 않아 근처에 있는 전봇대에서 전기를 끌어 와 쓰는 바람에 화재 위험도 크고, 지하수를 식수로 사용하는 등 위생 상태도 좋지 않은 형편입니다.

유엔은 정부가 이와 같은 상태를 방치하는 것은 주거권을 보장하지 않는 것이라고 보고 있습니다. 정부는 주민들이 적절한 주거 공간으로 옮길 수 있도록 대책을 세우고, 주소지를 둘 수 있게 하거나 화재 예방, 위생 환경 시설 등을 갖춰야 할 의무가 있는 것입니다.

셋째, 사람들의 경제적인 형편에 맞는 집을 제공해야 합니다.

아무리 훌륭하고 살기 좋은 집을 많이 짓는다 하더라도 가격이 너무 비싸서 국민들이 구입할 수 없거나 세조차 들 수 없다면 그림의 떡이라는 이야기죠.

우리나라의 현실이 그렇습니다. 버는 돈에 비해 집값이 너무 비싸기 때문에 인간다운 주거 생활이 어려운 형편입니다. 집값과 전월세 가격을 적정한 수준으로 낮춰서 보통 사람 누구나 집을 구할 수 있도록 해야 합니다.

경제적인 형편 때문에 살 만한 집을 구하지 못한 사람들은 주변에 매우 많습니다만, 그 가운데서도 가장 극단적인 경우는 집이 아예 없어 길거리에서 사는 노숙자겠지요.

넷째, 주거 생활이 최저 주거 기준에 미달하지 않아야 합니다.

최저 주거 기준이란 말 그대로 인간다운 주거 생활을 위해 지켜야 할 최저의 기준을 말합니다. 예를 들면 부부는 독립된 침실이 있어야 한다

는 겁니다. 너무 가난해서 할머니, 할아버지와 엄마, 아빠가 한방에서 잔
다면 이를 인간다운 생활이라 할 수 없다는 것이죠. 또 어린이도 여덟 살
부터는 남녀가 따로 잘 수 있도록 방이 충분해야 합니다.

우리 가족만 쓸 수 있는 부엌이나 수세식 화장실, 따뜻한 물이 나오는
샤워 시설이 갖춰져야 합니다. 만약 화장실이 없어 동네 공중 화장실을
사용해야 한다거나, 셋방에 부엌이 없어 주인집이 식사를 끝낸 뒤에야 부
엌을 이용할 수 있다면 인간 이하의 생활을 하는 것으로 봐야 한다는 것

이죠.

또 식구가 많으면 그만큼 넓은 집에 살아야 합니다. 너무 좁아서 식구끼리 어깨가 부딪칠 정도면 최소한의 주거 기준에 미치지 못하는 겁니다. 무너지거나 화재 위험이 있거나, 악취가 난다거나, 장마 때 물이 들어온다든지, 산사태 등의 위험에 노출된 집도 역시 살기 어렵습니다.

문제는 이처럼 최저 주거 기준에 미달하는 집에서 사는 사람이 2010년 기준으로 전체 가구의 12%에 약간 못 미치는 203만 가구로 500만 명에 달한다는 것입니다(2011년 개정된 최저 주거 기준 적용시). 또 129만 명의 아동이 최저 주거 기준 미달의 주거 빈곤 상태에 처해 있습니다. 유엔은 최저 주거 기준 미달 가구에 대해 우선적으로 대책을 세워서 주민들의 인간다운 주거 생활을 보장할 것을 각국 정부에 촉구하고 있습니다.

약자에게 편한 집, 멀지 않은 집, 이웃과 함께하는 집

다섯째, 노인이나 장애인, 어린이라 할지라도 생활하기에 불편함이 없어야 합니다.

정부가 세놓은 공공 임대 주택 중 문턱 때문에 휠체어가 지나갈 수 없는 경우가 있어 불편을 호소하는 장애인들이 있습니다. 이뿐만이 아닙니다.

"중증 장애를 앓는 저는 문 손잡이에 손이 닿지 않기 때문에 문이 닫히면 꼼짝없이 방에 갇혀 버립니다. 그래서 평생 방문을 닫지 않고 살아요." 제가 아는 어느 장애인의 이야기인데요, 보통 사람과는 다른 처지에 있는 사람도 불편함이 없도록 해야만 인간다운 주거 생활이 가능합니다.

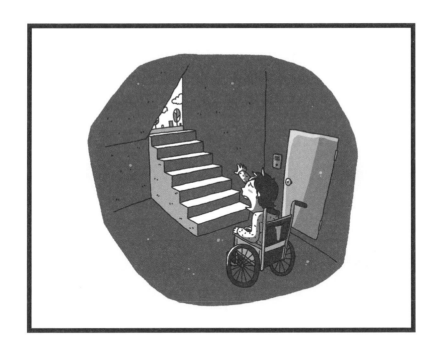

(반)지하방은 특히 노인들에게 힘듭니다. 하루에도 수십 번씩 계단을 오르내려야 하는데 관절염 때문에 무릎이 불편한 노인들에게는 큰 고통입니다.

여섯째, 집이 너무 외딴곳에 있어 직장은 물론 보건소, 학교, 어린이집 등을 이용할 수 없다면 문제입니다.

2008년 기준으로 대한주택공사가 지은 공공 주택의 82% 이상이 서울에서 25km 이상 멀리 떨어진 곳에 자리 잡고 있습니다. 그만큼 출퇴근에 시간이 오래 걸리고 상대적으로 형편이 어려운 사람들이 살기 때문에, 여러 가지로 더 고달플 수밖에 없겠지요. 정부는 형편이 어려운 사람일

지라도 직장에서 너무 멀리 떨어져 있거나, 생활하는 데 꼭 필요한 시설을 이용하기 어려울 정도로 외딴곳에 살지 않도록 적절한 대책을 세워야 합니다.

일곱째, 익숙한 문화가 파괴당하지 않아야 합니다.

개인과 가족이 오랫동안 살아온 동네는 정든 이웃이 있고, 이웃끼리 만들어 온 공동의 문화가 있습니다. 그러나 우리나라에서는 재개발로 인해 함께 살던 동네 사람들이 뿔뿔이 흩어지고 있습니다. 개발이 끝나고 다시 그 동네로 돌아와 사는 비율은 20%에도 미치지 못합니다.

오랜 세월 동안 함께 만들어 온 이웃 간의 정과 신뢰, 공동체들이 파괴당하는 것이지요. 특히 가난한 사람들일수록 이런 일을 많이 겪고 있습니다. 이 같은 방식으로 이웃 간의 익숙한 문화를 파괴하는 것은 인간다운 삶을 빼앗는 것으로 반드시 바로잡아야 할 일입니다.

지금까지 유엔이 정한 주거권의 구체적인 내용에 대해 살펴봤습니다. 그런데 우리나라 사람들은 어떤 주거 조건에서 살고 있다고 생각하십니까? 2009년 12월 유엔은 특별히 대한민국 정부에 대해 주거권과 관련해 세 가지를 반드시 바로잡도록 권고했습니다.

첫째, 유엔은 한국 정부에게 노숙자 문제에 대한 대책을 세울 것을 권고했습니다. 노숙자들에게 적절한 생활수준을 보장한 후 노숙 문제를 해결할 방법을 세워야 한다는 것입니다.

둘째, 최저 주거 기준에 미달하는 조건에서 사는 사람들의 문제를 해결할 정부 내 부서를 만들고 예산을 확보할 것을 권고했습니다.

셋째, 용산 참사의 경우처럼 살던 사람을 강제로 내쫓는 일이 없도록 대책을 세울 것을 권고했습니다.

같은 하늘 아래에서 함께 사는 이웃들에게 '집은 최소한의 인권'이라는 유엔의 선언이 하루빨리 보장될 수 있기를 기대해 봅니다.

집이 왜 부족한가요? 필요하면 더 지으면 되잖아요.

자기 집을 스스로 지어서 살아도 좋지요. 그러나 집 짓는 데는 많은 돈이 들어간답니다. 땅도 사야하고, 땅을 파는 포클레인도 돈을 주고 빌려야 하고, 기둥을 세우고 벽을 만들고 지붕을 올리는 것도 사람들에게 수고비를 줘야만 가능한 일이죠.

만약 집을 혼자서 짓겠다면 현재 하는 일을 그만둬야 하니까 그동안 먹고살 돈도 마련해야 합니다. 집을 짓는 데는 아주 오랜 시간이 필요합니다. 그래서 집을 지어 파는 사람들이나 건설 회사가 지은 집을 사는 겁니다.

주택 보급률을 계산해 보면 우리나라 사람이 살기에 집이 충분한지, 아니면 부족한지 알 수 있습니다.

2012년 기준으로 우리나라에 있는 집은 1,530만 채입니다. 그런데 집이 필요한 가구는 1,326만 가구입니다. 모든 국민이 가구당 한 채씩 집을 갖고도 204만 채가 남아도는 상황인 것이죠. 그만큼 그동안 집을 많이 지었기 때문입니다. 주택 수를 가구 수로 나누면 주택 보급률 115%가 나옵니다. 우리나라는 2002년부터 주택 보급률이 100%를 넘어 집이 남아돌기 시작했습니다(구舊 주택 보급률 기준).

이처럼 집이 남아도는데도 국민 10명 중 4명꼴로 셋방에 사는 것은 집값이 너무 비싸기 때문입니다. 남는 집은 돈 많은 사람들이 여러 채를 사서 집 없는 사람들에게 전세나 월세를 내주고 임대료를 받아 돈을 벌고 있답니다.

청소년도 집을 살 수 있나요?

청소년도 집을 살 수 있습니다. 물건을 사려면 어디로 가야 하지요? 슈퍼, 문방구, 할인점과 같이 그 물건을 파는 곳으로 가야죠. 집을 파는 곳은 어디일까요? 네, 집은 너무 크기도 하지만 옮겨 놓을 수가 없기 때문에 공인중개사 사무소를 이용합니다.

집을 팔려는 사람은 공인중개사에게 "내 집을 팔아 주세요." 하고 부탁합니다. 그리고 집을 사려는 사람은 공인중개사와 함께 이 집 저 집을 둘러보고 마음에 드는 집이 있다면 집을 팔려는 사람을 만나 돈을 주고 사는 거죠. 그런데 집은 가격이 매우 비싸고, 현재 살고 있는 사람이 집을 비워야 하는 등 사정이 복잡하기 때문에 사고파는 절차도 까다롭습니다.

집을 팔려는 사람이 집주인이 맞는지 확인해야 하고, 또 그 집이 자리 잡은 땅의 면적이 얼마인지도 확인해야 합니다. 이런 것은 모두 그 집이 있는 동네의 구청·군청·시청에 가서 서류를 떼어 봐야 정확히 알 수 있는데, 이런 일을 모두 공인중개사 사무소에서 해 준답니다.

아무런 문제가 없다는 게 확인돼도 바로 돈 주고 집을 넘겨받는 건 아닙니다. 먼저 서로 사고팔기로 약속하는 매매 계약서를 쓰고 집을 언제까지 비울 것이며, 나머지 돈은 언제까지 몇 차례로 나눠 줄지를 정합니다.

서로 약속을 정확히 지켜 모든 돈을 다 준 다음 마지막으로 해야 할 일이 있는데, 바로 구청·군청·시청에 가서 이 집의 주인이 바뀌었음을 신고하는 일입니다. 아 참, 공인중개사에게 수고비도 줘야 합니다. 그리고 취득세와 등록세라는 세금도 내야 합니다. 돈 많이 들죠?

이런 절차를 거치면 청소년도 집을 살 수 있습니다. 그러나 여기서 꼭 명심할 게 있습니다. 어디서 그 엄청난 돈이 생겨서 집을 산 거죠? 만약 청소년이 스스로 벌었다는 걸 증명하지 못한다면, 세무서에서 부모님이 준 돈으로 산 것으로 판단하고 증여세라는 세금을 내라고 한답니다. 왜냐하면 어른들이 자식한테 재산을 물려줄 때 세금을 안 내려고 집을 대신 사 주는 경우가 많기 때문이죠.

한국 땅 팔면 캐나다 두 번 산다?

우리나라 땅을 팔면 100배나 큰 캐나다를 두 번 사고도 남고, 77배나 큰 호주를 사고도 남습니다.
서울과 경기도 땅값만으로도 캐나다는 넉넉히 살 수 있고 호주도 거의 다 살 수 있습니다.

3. 한국 땅 팔면 캐나다 두 번 산다?

천 배가 넘게 오른 서울의 땅값

신문이나 텔레비전을 보면 부동산 문제가 하루도 빠지는 날이 없습니다. 명절 때 가족들이 둘러앉아 나누는 이야기에서도 부동산 문제는 단연 으뜸 주제입니다. 오르면 올라서 문제고, 떨어지면 떨어져서 문제라고 합니다. 도대체 부동산은 무엇 때문에 문제가 될까요?

우리나라에서 부동산이 문제가 되고 있는 첫 번째 이유는 부동산 가격이 너무 빨리, 너무 많이 오른다는 것입니다. 부동산 가격은 그동안 얼마나 올랐을까요?

이 글을 쓰는 저는 농촌에서 태어나 1970년대 초에 서울로 이사를 왔습니다. 서울로 온 지 40년이 지났는데요, 처음 이사 왔을 때 저희 가족은 6만 원으로 전세방 2칸을 얻어 정착했습니다. 그런데 몇 년 전 그 동네에

가서 전세금 시세를 알아보니까 6,000만 원을 주고도 방 2칸을 얻는 게 불가능했습니다. 40년 만에 전세금이 1,000배가 넘게 오른 셈입니다.

1963년부터 2007년까지 서울 땅값은 무려 1,176배가 올랐습니다. 서울을 포함한 대도시 땅값은 923배가 올랐습니다. 같은 기간 소비자 물가는 43배가 올랐으니 물가에 비해 서울 땅값은 30배 가까이 오른 셈이지요. 그러나 비슷한 기간에 도시 노동자 가구의 월평균 실질 소득은 15배 증가하는 데 그쳤습니다. 소득에 비해 대도시 땅값은 60배 이상, 서울 땅값은 70배 이상 더 오른 것입니다.

부동산 가격은 10년에 한 번씩 수직으로 상승한 뒤, 10년 동안은 떨어지지 않다가 다시 10년 뒤에 또 크게 오르는 일이 반복되었습니다. 부동산 가격이 크게 오른 시기는 1960년대 말, 1970년대 말, 1980년대 말이었습니다. 이때 많이 오른 것은 땅값이었습니다.

그런데 1990년대 말에는 외환 위기가 터져 가격이 오히려 떨어졌습니다. 그러나 외환 위기가 지나간 2002년부터 다시 올랐습니다. 이번에는 땅값보다는 집값이 올랐습니다. 그중에서도 수도권 아파트 값이 특히 많이 올랐습니다.

그동안 부동산 가격이 걸어온 길을 돌아보면 "오를 줄만 알고 떨어질 줄은 모른다"는 말이 딱 들어맞습니다. 1975년부터 2007년까지 33년 동안 땅값이 떨어진 건 1992~1994년과 1998년밖에 없고 나머지 29년은 계속 올랐습니다.

그 사이 대통령이 여러 차례 바뀌었고 부동산 투기를 잡기 위해 많은 정책이 쏟아졌지만 부동산 가격은 계속 오른 것이지요. 이런 탓에 어떤 정부가 어떤 정책을 펴더라도 부동산 가격은 패배하지 않고 계속 오른다는 뜻에서 이른바 '부동산 불패 신화'라는 말까지 유행하게 됐습니다.

이처럼 부동산 가격이 계속해서 다른 물가에 비해 너무 빨리, 너무 많이 올랐으니 터무니없이 비쌀 수밖에 없습니다. 이것이 한국에서 부동산이 문제가 되는 첫 번째 이유입니다.

커피 한 잔에 담긴 부동산의 경제학

그렇다면 우리나라 부동산은 얼마나 비쌀까요?

일례로, 유엔에서 직원을 서울로 출장 보낼 때는 다른 나라 도시보다 많은 출장비를 준다고 합니다. 유엔의 서울 출장 수당은 2007년 2월 기준으로 하루 368달러(약 34만 원)인데 미국 뉴욕(347달러)은 물론 프랑스 파리(306달러), 일본 도쿄(273달러), 중국 상하이(257달러)보다 많습니다. 왜냐고요? 출장비는 숙박비와 교통비 그리고 식비 등이 포함되는데 서울 물가가 턱없이 비싸서 비용이 많이 들기 때문입니다.

서울 물가가 매우 비싸다는 조사 결과는 한둘이 아닙니다. 2007년 세계 143개국 주재원들이 뽑은 각국 도시 물가 조사에서 서울은 러시아 모스크바와 영국 런던에 이어 3위를 차지했습니다. 또 같은 해에 세계 100대 도시를 대상으로 하루 머무는 데 들어가는 비용 조사에서도 8위를 기록했습니다. 그뿐만 아니라 2010년 세계 59개국 269개 쇼핑 지역을 대상으로 한 상가 임대료 조사에서도 서울 명동 거리 임대료가 8번째로 비싼 것으로 나타났습니다.

서울 물가는 왜 이렇게 비쌀까요? 여러 이유가 있겠지만 터무니없이 비싼 땅값이 서울 물가를 끌어올린 겁니다.

스타벅스 커피점을 예로 들어 볼까요? 몇 년 전 스타벅스 명동점이 서울시 중구 충무로 1가 24-2번지 자리에 세들어 있었을 때인데요. 당시 보증금 30억에 한 달 임대료를 1억씩 내고 있었다고 합니다. 하루 임대료가 333만 원꼴이니, 하루에 커피 3,000잔을 팔 경우 당시 커피 값 3,300원에 1,000원쯤의 임대료가 포함된 셈이었죠. 이 자리는 유명 화장품 매장으로 바뀌었습니다.

이곳은 2004년부터 2013년까지 내리 10년째 우리나라에서 땅값이 가장 비싼 곳입니다. 국토교통부가 2013년에 발표한 공시 지가에 따르면 이

곳 땅값은 3.3m²(한 평)에 2억 3,100만 원입니다. 3.3m²는 가로 세로가 각각 약 1.8m 넓이의 정사각형인데요, 아파트 한 채도 아니고 이렇게 좁은 땅이 2억이 넘으니 비싸도 너무 비싼 겁니다.

건물이 들어선 전체 땅 면적이 169.3m²(약 51평)니까 전체 땅값만 118억 원에 이르고, 4층 건물을 포함한 가격은 시가로 200억이 넘는 것으로 알려져 있습니다.

이 자리를 비롯해 우리나라에서 땅값이 가장 비싼 곳 10위까지 모두 서울 중구 충무로와 명동 일대에 몰려 있는데 대부분 3.3m² 당 가격이 2억 원에 가깝거나 그 이상입니다. 그런데 공시 지가는 실제 사고파는 가격에 비해 더 싸기 때문에 실제 매매 가격은 3.3m²당 3억에서 4억에 달한다고 합니다. 말 그대로 금싸라기 땅입니다.

땅값 5000조? 집값 3000조?

그렇다면 대한민국 전체 땅값은 도대체 얼마나 될까요?

앞에서 '공시 지가(公示地價)'라는 단어가 나왔지요? 한자를 그대로 풀어쓰면 '공개적으로 알린 땅값'이란 뜻인데요, 정부가 세금을 매기려고 조사해 발표한 땅값입니다. 정부는 '부동산 가격공시 및 감정평가에 관한 법률'에 따라 매년 1월 1일 기준 땅값을 5월 안에 발표합니다. 땅값을 매년 조사해 발표하는 이유는 재산세, 양도 소득세, 상속세, 종합 부동산세, 취득세, 등록세와 같은 부동산 관련 세금은 물론 개발 부담금, 농지 전용 부담금 등을 계산하는 기초 자료로 활용하기 위해서입니다.

2013년 1월 1일 기준으로 국토교통부가 발표한 공시 지가를 보면 우리나라 땅값 총액은 3,880조 원에 달합니다.

그런데 여기서 몇 가지 주의할 게 있습니다. 우선 모든 국토를 다 계산한 게 아니고 세금을 매길 필요가 없는, 국가나 지방 자치 단체 소유 땅을 제외한 값입니다. 또 하나, 이 공시 지가는 실제 사고파는 가격보다 낮게 매긴 가격입니다. 땅값을 조사하는 시점이 한 해 전 10월이기 때문에 그 사이 오르내리는 땅값이 반영되지 않을 수 있습니다. 이런 사정을 감안할 때 우리나라 땅값 총액은 5,000조 원에 이를 것으로 추측됩니다.

5,000조 원이면 비싼 거냐고요? 네, 엄청나게 비싼 겁니다. 보통 그 나라 땅값이 비싼지 싼지를 판단할 때 국내 총생산 즉, GDP와 견줘 보는 방법을 사용합니다.

국내 총생산은 한 나라의 가계, 기업, 정부 등 모든 경제 주체가 1년 내내 생산한 재화와 서비스의 가치를 합쳐 시장 가격으로 표시한 것으로 국민 경제 규모를 알 수 있는 대표적인 경제 지표입니다. 따라서 그 나라 국민 경제 규모에 비춰 땅값 수준을 가늠할 수 있는 것이죠.

선진국을 포함해서 땅값이 안정된 대부분 나라는 땅값 총액이 GDP와 비슷한 수준입니다. 캐나다는 GDP의 1.1배이고 세계적으로 땅값이 비싸기로 유명한 일본도 GDP의 2.4배 규모입니다. 그런데 우리나라는 무려 GDP의 3.7배에 달합니다(한국과 캐나다는 2007년 기준, 일본은 2006년 기준). 우리나라 땅값이 국내 경제가 감당하기 어려울 정도로 비싼 것이죠.

집값은 얼마나 될까요? 정부는 땅과 마찬가지로 집에 대해서도 세금을 매기려고 매년 가격을 발표하는데 이를 공시 가격이라 합니다. 공동 주택(아파트, 연립 주택, 다세대 주택)은 국토교통부 장관이, 단독 주택은 시장, 군수, 구청장이 각급 부동산 평가 위원회의 심의를 거쳐 매년 4월 안에 발표합니다.

2013년 4월 29일 정부가 발표한 공시 가격을 보면 우리나라 집값 총액은 2,045조 원에 달합니다.

그런데 집값에서도 땅값과 마찬가지로 몇 가지 주의할 게 있습니다. 이 가격은 전체 주택 중 세금을 매기지 않는 중앙 정부나 지방 정부 소유 주택을 제외한 1,509만 채에 대한 것입니다. 또 실제 사고파는 가격보다 훨씬 낮은 '적정한 가격'입니다. 정부가 발표한 공시 가격은 실제 사고 파는 가격의 80% 수준으로 알려져 있습니다.

따라서 우리나라에 있는 모든 주택의 실제 매매 가격 총액은 3,000조 안팎에 이를 것으로 추측됩니다.

우리나라 집값이 얼마나 대단한가는 서울의 강남 지역을 보면 쉽게 알 수 있습니다. 강남·서초·송파구의 공동 주택을 팔면 주식 시가 총액 1위에서 9위까지의 재벌 대기업을 거의 통째로 살 수 있습니다. 2007년 1월 1일 기준으로 정부가 80%로 에누리해서 발표한 강남·서초·송파구 공동 주택의 공시 가격 총액이 206조 원인데 100%로 환산한다면 258조 원입니다. 그런데 다음날인 1월 2일 주식 시장 기준으로 10대 기업의 주식 시가 총액이 270조 원이었습니다.

또 2013년 1월 1일 기준으로 수도권 공동 주택 579만 채의 공시 가격

총액은 1,146조 원으로, 2012년 말 국내 총생산과 맞먹는 액수입니다.

전국 234개 시군구의 1.3%에 불과한 강남 3개 구 집값이 10대 대기업 주식 시가 총액과 맞먹고, 수도권 집값이 국내 총생산과 맞먹는다는 것이죠. 이것은 대한민국 집값이 터무니없이 부풀려져 있음을 실감 나게 보여 주고 있습니다.

우리나라 집값이 지나치게 비싸다는 점은 외국과 비교해 봐도 잘 드러납니다. 서울의 아파트 값은 미국, 일본, 영국, 대만, 홍콩, 싱가포르 등 주요 외국의 도시에 비해 비싼 수준입니다. 2004년 서울 1~3차 동시 분양 109m²(33평)형 아파트의 평균 분양 가격은 4억 3,989만 원으로, 도쿄(5억 1,110만 원)나 런던(4억 6,483만 원)보다는 낮지만 미국 북동부 지역 신축 주택(4억 3,430만 원)과는 비슷한 수준입니다. 대만보다는 1.4배, 싱가포르보다는 2.4배가 높습니다. 또 미국, 일본 등 주요 외국 도시들의 주택 가격이 1인당 GDP의 10배, 가계 소득의 5배 수준인 데 비해 한국은 각각 24배와 10배로 경제 규모와 가계 소득에 비해 지나치게 높습니다.

대한민국에서 셋방살이를 전전하는 사람은 세계 최고 수준의 임대료 때문에 고통받고 있습니다. 2006년 기준으로 한국 주요 도시에서 방 세 칸짜리 아파트를 얻는 데 드는 월세는 영국, 홍콩에 이어 조사 대상 54개국 중에서 세 번째로 비쌉니다. 한국에서 셋방살이하는 데는 말레이시아의 13배, 필리핀의 7.3배, 멕시코의 4.1배, 스웨덴의 3.4배, 프랑스의 2.7배, 캐나다의 2.5배, 일본의 2.1배, 미국의 1.6배의 돈이 듭니다.

그럼 우리나라 전체 부동산 가격은 얼마나 될까요? 지금까지 살펴본 땅값과 집값에 빌딩값을 더하면 우리나라 전체 부동산 가격을 알 수 있습니다. 그런데 집이나 땅과 달리 우리나라에 있는 전체 빌딩 가격을 알 수 있는 자료가 없습니다. 다만 통계청이 지난 2008~2012년 사이에 발표한 '국가 자산 통계 추계 결과'라는 자료를 보면 주거용 건물 즉, 집의 가격과 비주거용 건물 즉, 빌딩의 가격 총액은 거의 비슷하거나 빌딩 가격이 좀 많은 것으로 나타나 있습니다. 따라서 2013년 현재 우리나라 빌딩 가격 총액도 집값 총액과 비슷하거나 더 비쌀 것으로 추측할 수 있습니다.

부동산 가격을 계산할 때 한 가지 더 주의할 게 있는데요, 집값에는 집이 자리한 땅의 가격이 포함돼 있어 이것을 제해야 한다는 사실입니다. 집값 중 땅값이 차지하는 비중은 대략 56% 정도입니다. 그러니까

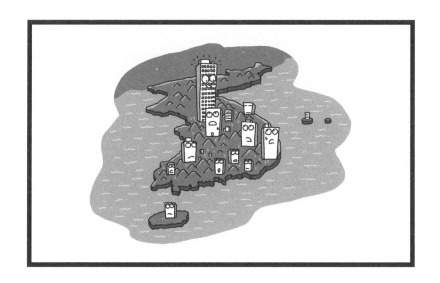

2013년 공시된 집값 2,045조 원의 56%인 1,145조 원이 집에 포함된 땅값입니다. 빌딩 가격에도 역시 같은 비중의 땅값이 포함돼 있다고 볼 수 있습니다. 따라서 부동산 총액 계산식은 '땅값+(집값-집의 땅값)+(빌딩값-빌딩의 땅값)'이 됩니다. 여기에 액수를 대입하면 3,880조+(2,045조-1,145조)+(2,045조-1,145조)이니까 2013년 기준으로 부동산 가격 총액은 5,680조 원이 됩니다.

물론 앞에서 말했듯이 여기에는 중앙 정부나 지방 정부 소유라 개인이 세금을 낼 필요가 없는 30%의 땅과 수십만 채 정도의 집이 빠진 것입니다. 또 실제 가격에 비해 80% 수준으로 낮게 매긴 것입니다. 이런 점을 감안할 때 실제 사고파는 가격 기준으로 보면 우리나라 부동산 가격 총액은 9,000조 원을 훨씬 넘어설 것으로 추정됩니다.

부동산의 양극화

부동산 가격이 너무 비싸서 국민이나 나라 경제가 감당하기 힘겹다는 점 못지않게 지역 간 가격 차이가 크다는 점도 심각한 문제입니다.

해방 후 한국 현대사는 인구가 도시로 급격히 몰려들고 주요 도시의 부동산 가격이 주기적으로 폭등하는 역사였습니다. 특히 2002년 이후 부동산 값이 크게 오를 때 서울, 경기, 인천 등 수도권의 부동산 가격이 훨씬 많이 치솟아 수도권과 지방 간의 부동산 가격 차이가 더 크게 벌어졌습니다.

전체 국토 중 수도권 면적의 비중은 11.8% 수준입니다. 그러나 수도권 땅값 총액은 2013년 기준으로 2,552조 원으로 전국 땅값 총액의 66%에 달합니다. 특히 전체 국토 면적의 167분의 1에 불과한 서울 땅값은 1,195조로 전국 땅값 총액의 31%를 차지하고 있습니다.

집값도 마찬가지입니다. 2010년 기준으로 서울의 총 주택 수는 242만 채로 전국 총 주택 수의 17% 수준입니다. 그런데 서울에 있는 주택의 가격 총액은 656조 원으로 전국 집값 총액의 39%에 달합니다.

서울시 안에서도 부동산 가격의 차이가 심각합니다. 강남·서초·송파구의 면적은 서울시 전체의 20% 수준이지만 땅값은 2007년 기준 304조 원으로 서울시 땅값 총액 910조의 33%입니다. 강남 3개 구 면적은 전체 국토의 0.12%이지만 땅값은 전국 땅값 총액의 10%에 달합니다.

서울시 25개 구 가운데 가장 비싼 강남구 땅값은 133조 원으로 금천구(14조 원), 강북구(15조 원), 도봉구(15조 원), 중랑구(16조 원), 서대문구(21조 원), 동대문구(23조 원), 동작구(23조 원) 등 7개 구를 살 수 있는 가격입니다(2007년 1월 1일 기준).

차이가 심하기는 집값도 마찬가지입니다. 강남 3개 구의 아파트 수는 27만 채로 서울 전체의 21%이지만 아파트 값 총액은 191조 원으로 서울 전체의 40%에 달합니다(2008년 1월 1일 기준).

3.3m²(한 평)당 아파트 값도 가장 비싼 강남구가 2,391만 원으로 가장 싼 은평구 682만 원의 3.8배에 달했습니다. 은평구 아파트 4채를 팔아야 강남구에서 같은 평수 1채를 살 수 있는 셈입니다. 강남구의 99m²(30평) 아파트 값은 7억 9,000만 원에 달하고 서초·송파·용산구는 6억 원에 육박하지만, 은평·중랑·금천·도봉구 등 12개 구는 3억 원이 채 안 됐습니다.

총 네 차례의 부동산 가격 폭등은 우리나라 부동산 가격을 세계 최고 수준으로 올렸을 뿐만 아니라, 수도권 대 비수도권, 강남 대 비강남의 부동산 지역 격차를 크게 벌려 놓았습니다.

우리나라에서 집과 땅이 가장 싼 곳, 가장 비싼 곳은 어디인가요?

정부는 지난 2005년부터 매년 우리나라 집값을 발표하고 있는데 서울시 용산구 이태원 동에 있는 지하 2층 지상 2층 단독 주택이 가장 비싼 것으로 나타났습니다. 2013년 공시 가격이 무려 130억 원입니다. 삼성재벌 이건희 회장이 사는 집인데요, 집 한 채 값 치고 는 너무 비싸죠?

가장 싼 집은 얼마일까요? 지난 2008년 인천시의 발표를 보면 강화군 불은면에 있는 한 농가 주택 가격이 7만 원으로 그동안 발표된 집값 중 가장 쌌습니다. 그러니까 가장 비싼 집을 팔면 가장 싼 집 18만 채 이상을 살 수 있다는 얘기죠.

가장 비싼 땅은 어디에 있고 얼마나 비쌀까요? 서울 명동(서울 중구 충무로1가 24-2번 지)에 있는 한 화장품 가게 자리인데요, 2013년 1월 1일 기준으로 한 평 그러니까 3.3㎡ 에 2억 3,100만 원입니다. 반면 경북 의성군 점곡면 동변리 413-3에 주소를 둔 땅값은 한 평 즉 3.3㎡에 172원밖에 안 됩니다. 명동 땅값이 무려 135만 배나 비싼 겁니다.

세계에서 제일 비싼 집은 인도 뭄바이에 있는 '안틸라'라는 저택이라고 합니다. 인도의 억 만장자 무케시 암바니의 집으로 가격이 10억 달러, 우리 돈으로 약 1조 원 이상에 달합 니다.

우리나라 땅값을 다른 나라 땅값과 비교하면 어떤가요?

2007년 기준으로 우리나라 땅값을 미국 돈인 달러로 계산하면 3조 5,780억 달러입니다. 서울과 경기도를 합친 땅값은 2조 1,611억 달러입니다. 우리나라 안에서도 지역마다 땅값이 다르듯이 나라들끼리도 차이가 있습니다.

미국이나 일본 그리고 프랑스는 우리나라보다 땅값 총액이 훨씬 비쌉니다. 그러나 면적도 우리나라보다 크기 때문에 실제로는 한국 땅값이 훨씬 비쌉니다. 우리나라 땅값으로 한국의 97배나 되는 미국 땅 10분의 1을 살 수 있습니다.

특히 캐나다나 호주와 비교해 보면 엄청나게 비쌉니다. 우리나라 땅을 팔면 100배나 큰 캐나다를 두 번 사고도 남고, 77배나 큰 호주를 사고도 남습니다. 서울과 경기도 땅값만으로도 캐나다는 넉넉히 살 수 있고 호주도 거의 다 살 수 있습니다. 서울과 경기도의 면적에 비해 캐나다는 930배, 호주는 721배나 큰 것을 생각하면 우리나라 땅값이 비싸도 너무 비싼 것이죠.

나라별 땅값과 면적

나라	땅값(달러)	면적(㎢)	면적 비교
미국	38조 4,420억	963,203	한국의 97배
일본	10조 5,560억	37,793	한국의 4배
프랑스	7조 7,390억	54,919	한국의 6배
한국	3조 5,780억	9,972	
호주	2조 6,390억	774,122	한국의 77배
캐나다	1조 5,580억	998,467	한국의 100배

자료: 통계청, 2007년 기준(일본은 2006년 기준).

다른 나라 사람들은 어떻게 사나요? 4

정부가 집을 직접 짓거나, 이미 지은 집을 정부가 사들여 처지가 어려운 국민들에게 세들어 살 수 있게 한다면, 네덜란드 국민처럼 집이 없어도 내 집처럼 걱정 없이 살 수 있겠지요. 당장 집을 살 수 없거나 정부 셋방에 들어가지 않는다 하더라도, 독일처럼 셋방 사는 사람들을 보호할 수 있는 좋은 제도를 도입한다면 2~5년에 한 번씩 이삿짐을 싸는 일을 훨씬 줄일 수 있을 것입니다.

4. 다른 나라 사람들은 어떻게 사나요?

　다른 나라 사람들의 주거 생활은 어떨까요? 지구 상에는 약 200개의 나라가 있습니다만, 그 가운데서도 우리가 참고할 게 많은 독일과 네덜란드 그리고 싱가포르를 살펴보겠습니다.

　독일은 우리나라처럼 셋방에 사는 국민이 많은 나라입니다. 그런데 셋방에 사는 국민들을 위한 제도가 잘 갖춰진 것으로 유명해서 배울 게 많은 나라입니다. 네덜란드는 중앙 정부나 지방 정부가 주택을 많이 확보해서 국민들에게 세를 놓는 것으로 잘 알려져 있습니다. 이런 집을 공공 임대 주택이라고 하죠. 네덜란드 국민의 3분의 1이 공공 임대 주택에서 사는데요, 이 경우 어떤 점이 참조할 만한지 알아보겠습니다. 싱가포르는 전체 국민 열 중 아홉 꼴로 자기 집을 소유하고 있습니다. 다른 나라에서는 어떻게 이런 일이 가능했는지를 알아보겠습니다.

나라별 주거 생활 비교

(한국은 2005년, 네덜란드와 독일은 2004년, 싱가포르는 2000년 기준)

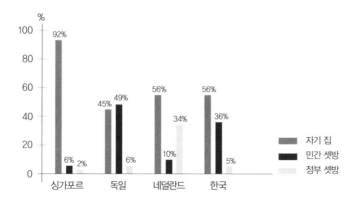

독일

먼저 살펴볼 나라는 독일입니다. 주거 생활면에서 독일과 한국은 닮은 점이 많습니다. 우선 자신이 소유한 집에서 사는 가구 비율이 45%로 한국의 56%보다도 더 낮습니다. 독일은 세계에서 손꼽히는 선진국이지만 집이 없는 사람이 훨씬 더 많습니다.

집 가진 사람이 적으니 셋방 사는 사람이 많을 수밖에 없겠지요. 독일 가구 중 셋방 가구는 55%로 한국의 41%보다 더 많습니다. 중앙 정부나 지방 정부가 운영하는 공공 임대 주택에 사는 가구 비율도 6%로 한국의 5%와 비슷합니다. 그 결과 독일 가구의 49% 한국 가구의 36%는 민간 임대 주택에서 세들어 살고 있는 것이지요.

같은 집에 평균 13년 산다 … 셋방 맞아?

이처럼 독일은 한국보다도 오히려 셋방에 사는 국민이 훨씬 많은 나라라고 할 수 있습니다. 그런데 독일은 셋방에 살더라도 한국처럼 자주 이사를 해야 한다거나, 집주인이 임대료를 마음대로 올려 달라고 해서 스트레스를 받는 일도 훨씬 덜 합니다.

2010년 5월에 독일에 직접 가서 셋방 사는 가구를 취재한 신문 기사를 볼까요.

쾰링(44) 씨네 가족은 1998년부터 베를린 시 프리드리히스 하인(Friedrichs-hain) 구의 5층짜리 아파트에서 살고 있다. 월세는 660유로($130m^2$ · 99만 원)로 $3.3m^2$당 2만 5,000원쯤이다. 가구 소득 중 주거비 부담은 8분의 1수준이라 부담스럽지 않다고 했다.

지난 10여 년간 살면서 2000년 창문과 난방 기기를 교체할 때 20유로를 더 내고, 2009년 월세가 10유로 오른 게 전부다. 2010년까지 월 30유로(4만 5,000원)가 오른 셈이다. 연 5% 이상 폭등하는 서울의 전셋값을 생각하면 변동폭이 미미하다. 그뿐 아니다. 월세인데도 한집에서 12년간 안정적으로 거주할 수 있다는 점도 이채로웠다.

— '독일, 안정적 임대 어떻게 가능한가', 〈경향신문〉, 2010년 5월 20일자.

우선 독일의 셋방은 매달 얼마씩 집세를 내는 월세입니다. 물론 만약을 대비해 2~3개월치 월세에 해당하는 금액을 보증금으로 맡겨야 합니다. 독일만이 아니라 대부분의 나라에서는 월세로 집을 빌려 줍니다. 전

세는 세계에서 한국에만 있는 형태입니다.

먼저 눈에 띄는 것은 퀼링 씨네 가족이 같은 집에서 12년간이나 살고 있다는 점입니다. 실제로 독일에서 셋방 사는 가구는 평균 13년간 같은 집에 살고 있고, 4분의 1은 20년 넘게 살고 있습니다.

2010년 기준으로 한국의 경우 셋방 사는 가구 중 77%가 5년에 한 번씩 이삿짐을 싸고 있고, 이 가운데 53%는 2년에 한 번씩 이사를 합니다. 같은 집에 20년 넘게 사는 사람은 1%도 되지 않고 10년 넘게 사는 사람도 7%에 불과합니다. 한국과 비교하면 독일에서는 셋방에 살더라도 이사 다니지 않고 안정적으로 한집에서 오랫동안 살고 있는 것이지요.

"방 빼!"가 통하지 않는다

어떻게 이런 일이 가능할까요? 우선 셋방을 빌려 주는 기간이 대부분 무한대입니다.*

보통 세들어 사는 사람은 살고 싶을 때까지 살다가 나가고 싶으면 나가면 됩니다. 월세만 꼬박꼬박 내고, 집을 부수거나 상식에 벗어나는 일을 하지 않는 한 자기 집처럼 계속 살 수 있습니다. 단, 방을 비울 때는 석 달 전에 집주인한테 알려 줘야 합니다.

---

* 독일의 셋방 이야기는 35년 넘게 독일에 사는 한국인 건축가 임혜지 선생님이 블로그 '빨간 치마네 집' (http://www.hanamana.de/hana/)에 올려주신 여러 가지 글을 참조했습니다. 좋은 글이 많으니 여러분도 한번 방문해 보세요.

하지만 집주인은 다릅니다. 법이 세들어 사는 사람을 함부로 내보내기 어렵게 하고 있기 때문입니다. 월세를 두 달 넘게 안 낸다거나, 이웃의 정상적인 생활을 방해하거나, 집주인에게 폭력을 휘두르거나, 집을 부수는 등 몇 가지 경우에만 내보낼 수 있습니다. 월세를 터무니없이 올려 받으려고 세들어 사는 사람을 내보내는 것은 법으로 금지돼 있습니다. 물론 집주인 본인이나 가족이 그 집에 들어와 살 경우에는 가능합니다. 그러나 월세를 올려 받으려는 목적으로 거짓을 꾸며 낼 경우 큰코다칩니다. 만약 집을 세 채 가진 주인이 '내가 들어와 살아야 하니까 나가 달라'며 내쫓고는 다른 사람에게 더 비싸게 빌려 줬을 경우, 그 사실이 드러나면 쫓겨난 사람에게 손해 배상을 해 줘야 합니다.

집주인이 정당하게 방을 비워 달라고 할 경우라도 세들어 산 기간에 따라 짧게는 3개월 전에, 길게는 9개월 전에 미리 알려 줘야 합니다. 예를 들어 10년 이상 세들어 살았을 경우 9개월 전에 미리 알려 줘야 합니다. 갑자기 쫓아내지 못하도록 법으로 보호하는 것입니다. 세들어 사는 사람이 나이가 든 노인이거나 장애인일 경우 더 보호를 받습니다. 왜냐하면 이들은 이리저리 옮겨 다니는 게 더 힘들기 때문입니다.

집주인이 바뀌더라도 이전에 세들어 살던 사람의 권리가 법에 따라 보호되기 때문에 함부로 내보낼 수 없습니다. 특히 전문적으로 집 장사를 하는 건설 회사들이 집을 여러 채 세놓고 있다 한 채씩 개인에게 팔았을 경우에, 세들어 살던 사람에게는 앞으로 10년간 그 집에 계속 살 수 있는 권리가 보장됩니다.

따라서 정상적인 가격의 월세를 밀리지 않고 집주인에게 꼬박꼬박 내기만 하면 이리저리 이사 다닐 일이 없습니다. 그런데 얼마를 내는 게 정상적인가에 대해서는 집주인과 세들어 사는 사람의 의견이 다를 수 있습니다. 만약 집주인이 현재보다 두 배를 내는 게 정상 가격이라며, 그 돈을 내지 못할 거면 방을 비우라고 한다면 우리나라의 경우에는 꼼짝없이 이사를 가야 하겠죠.

공정한 임대료 제도

그런데 독일에서는 이런 일이 통하지 않습니다. 왜냐하면 교통이 편리한 곳이냐 아니냐, 넓은 집이냐 좁은 집이냐, 난방이 잘 되느냐 아니냐 등 집의 상태에 따라 적정한 월세 가격이 정해져 있기 때문입니다. 이 가격은 지역별로 집주인 대표와 세입자 대표, 지방 자치 단체가 합의해서 정합니다. 이것이 바로 공정 임대료 제도입니다. 물론 지역에 따라 월세 가격은 차이가 있고, 이 가격도 변하기 때문에 몇 년에 한 번씩 조정됩니다.

집주인은 정해진 월세 가격에 기초해서 얼마를 더 내라고 할 수 있지만, 터무니없이 올릴 수는 없습니다. 법이 20%까지만 허용하기 때문입니다. 또 15개월 사이에 월세가 오르지 않았어야 한다든가 세들어 사는 사람이 동의해야 한다는 등 까다로운 조건이 뒤따릅니다.

이 밖에도 집주인과 세 든 사람이 계약하기에 따라서는 정부가 발표한 물가 인상 범위 내에서 올리거나, 몇 년에 얼마씩 단계별로 올리는 방법도 가능하지만 터무니없이 올릴 수 없기는 마찬가지입니다.

그 결과 지난 수십 년 동안 독일의 월세는 물가가 오른 만큼도 오르지 않을 정도로 안정돼 왔습니다. 물론 최근 남부 유럽인들이 독일에 투자를 많이 하면서 독일 집값이 이전보다 오르긴 했지만, 오랫동안 터무니없이 폭등해 온 우리나라와는 비교가 되지 않습니다.

이처럼 독일은 우리나라에 비해 집주인이 세들어 사는 사람을 내보내거나 월세를 터무니없이 올리는 일이 매우 어렵게 돼 있습니다. 따라서 세든 사람을 내보내고 월세를 올려 받기보다는 계속 살게 하면서 적정한 월세를 꼬박꼬박 받는 쪽을 택하는 것이죠.

우리나라의 경우 주택 임대차 보호법에서 셋방을 빌려 줄 때 최소 계약 기간을 2년으로 정해서 적어도 2년까지는 그 집에 살도록 보장하고 있습니다. 그러나 2년 뒤 집주인이, 방을 비우거나 전월세금을 올리거나 둘 중 하나를 선택하라고 하는 경우가 많습니다. 독일의 경우 전문적으로 집 장사를 하는 건설 회사를 제외하고는 계약 기간을 몇 년 이상으로 하라는 법적 규정이 없음에도, 집주인이 월세를 마음대로 올릴 수 없게 함으로써 같은 집에서 10년, 20년씩 내 집처럼 살 수 있는 것입니다.

물론 너무 가난한 사람은 월세를 꼬박꼬박 내는 일도 어렵습니다. 이런 사람들을 위해서 정부에서 월세 보조금을 지급합니다. 셋방에 사는 가구 열 가구 중 한 가구 꼴로 정부로부터 월세 보조금을 받고 있습니다.

스스로 권리를 지키는 '세입자 협회'

독일에서 셋방 사는 사람들이 스트레스 덜 받고 살 수 있게 된 것은 국민들이 노력해서 좋은 법과 제도를 발전시켜 왔기 때문입니다. 독일도 1945년 2차 세계 대전 이후 도시로 인구가 몰리면서 주택이 부족해지자 집주인들이 세든 사람들에게 임대료를 마구 올렸습니다. 그 결과 월세 가격이 너무 많이 올라 가난한 사람들의 생활이 매우 어려워졌습니다.

이것을 바로잡기 위해 독일 국민들, 특히 셋방 사는 사람들이 스스로 단결해서 권리를 지키고 제도를 갈고닦는 데 앞장서 왔습니다. 셋방 사는 사람들은 스스로 세입자 협회(Mieterverein e.V.)를 만들어서 셋방 가구를 보호하기 위해 법률을 제정하고 정책을 도입하는 데 앞장서고, 이 법을 어기는 집주인들을 상대로 함께 맞서 왔습니다.

세입자 협회는 2010년 기준으로 독일 전역에 360개가 있고 회원 수가 100만 명에 달합니다. 만약 세입자들이 부당한 대우를 받았을 경우 상담을 해 주고 필요하면 변호사를 선임해 권리를 보호받게 해 줍니다. 또 지역별로 적정한 월세 가격을 정할 때도 적극적으로 참여합니다.

세입자들뿐만 아니라 독일 국민 모두가 최소한의 인권을 보장받으며 살 수 있는 나라를 만들기 위해 노력한 결과였습니다.

집을 살 수 없더라도 평생 안정된 보금자리에서 살 수 있는 진정한 선진국 독일의 오늘을 만든 것은 바로 국민들이 잘못된 현실을 고치기 위해 노력한 결과인 것입니다.

네덜란드

2002년 월드컵 때 우리나라 축구 대표팀 감독이었던 히딩크가 네덜란드 사람인 것은 아시죠? 네덜란드는 축구뿐 아니라 풍차의 나라, 튤립의 나라로도 유명하지요. 네덜란드의 면적은 남한의 절반이 안 되고 인구도 3분의 1 수준이지만 배울 게 많은 선진국입니다.

지금부터 소개할 주거 생활도 그중 하나입니다. 네덜란드 국민 중 56%는 자신이 소유한 집에서 살고 44%는 셋방에 삽니다. 이 점에서는 한국과 거의 비슷합니다. 그런데 셋방에 사는 44% 국민 가운데 34%는 정부의 재정 지원을 받는 공기업 성격의 주택 조합이 소유한 공공 임대 주택에 세들어 삽니다.

정부가 운영하는 기업을 공기업이라 하는데요, 주택 조합은 완전한 공기업은 아니지만 중앙 정부와 지방 정부가 많은 재정 지원을 하기 때문에 사실상 정부 정책에 맞춰 운영하고 있습니다.

국민의 3분 1이 공공 임대 주택에 사는 나라

다시 말하면 국민의 3분의 1 이상이 세들어 사는 집의 주인이 사실상 정부인 셈입니다. 집주인이 정부일 경우 어떤 점이 다를까요?

네덜란드에 이민 가서 사시는 분 얘기를 직접 들어 보죠.

나는 네덜란드의 축구 수준보다 임대 제도가 더 부럽다. 세입자는 평생 임대 주택에 살아도 집 없는 사람의 설움이라는 것을 전혀 느끼지 못하고 한번 임대 주택에 집을 얻으면 자기가 떠날 때까지 머물 수 있기 때문이다. 보통 보증금은 없고, 저소득층 서민들을 위해서 월세 보조금까지 주는 네덜란드의 제도를 보고, 어떻게 해서 이렇게 다른 제도가 발전할 수 있었는지 처음에는 이해가 잘 안 되었다.

내가 살고 있는 집은 방 세 개에 거실과 주방, 샤워실과 화장실, 베란다에 지하실까지 딸린 연립 주택 2층의 27평 임대 주택이다. 전세 제도가 없는 나라다 보니, 월세를 얻어 살고 있는데, 보증금 없이 매달 (한국 돈으로 계산하면) 30만 원의 월세에, 12만 원 정도의 정부의 월세 보조금을 받는다.

아내가 시청에 임대 주택을 신청하고 2년 동안 기다려 얻은 집치곤 과분하다는 생각이 들 정도였다. 하지만 집 구하기가 힘든 대도시를 제외하고는 이 정도 수준의 임대 주택은 이 나라에서는 보통 크기로 여겨진다.

– 장광열, '집 없는 설움' 없는 네덜란드의 주택 정책, 〈한겨레〉, 2002년 7월 26일자.

10여 년 전이니 금액은 변동이 있을 터이지만, 정부가 집주인인 셋방이 일반 셋방과 무엇이 다른지 잘 나타나 있습니다.

우선 한 번 들어가면 몇 년 뒤에는 나가야 한다는 제약이 없습니다. 사정이 생겨서 스스로 집을 옮기기 전까지는 평생 살 수 있는 권리를 갖습니다. 위 글을 쓰신 분의 아래층에 사시는 할머니는 50년 동안 그 집에서 살고 있다고 하니까요. 2년이 지나고 나서 집주인이 나가라면 나가야 하는 우리나라 현실과 비교해 보면 크게 다른 것이죠.

같은 집이라도 가난하면 더 싸다

월세가 싸다는 점도 눈에 띕니다. 공공 임대 주택의 월세는 주택의 점수에 따라 다릅니다. 집이 얼마나 큰지, 겨울에 춥지는 않은지, 새집인지 아닌지, 깨끗한지 어떤지, 화장실이나 샤워 시설이 잘 갖춰져 있는지 등을 따져 주택의 점수를 매깁니다. 정부는 이 점수에 따라 받을 수 있는 월세 가격을 정합니다.

공공 임대 주택은 그보다 가격이 더 쌉니다. 정부가 돈을 들여 가난한 사람들에게 싼값으로 집을 제공하는 것이지요. 그래서 적은 돈으로 평생 내 집처럼 살 수 있는 것입니다.

게다가 정부는 돈을 많이 벌지 못하는 사람에게는 월세를 보태 줍니다. 나이가 많은 노인은 돈 벌기가 더 어렵기 때문에 더 많이 보태 줍니다. 현재 셋방 사는 가구의 3분의 1이 이러한 월세 보조금을 받고 있습니다.

전체 국민의 3분의 1 이상이 공공 임대 주택에 살다 보니 이중에는 가

난한 사람뿐 아니라 중산층도 포함되어 있습니다. 이들은 월세를 좀 더 내지만, 일반 민간인 주택에 비해 싼값에 사는 셈이랍니다.

공공 임대 주택은 절반가량이 한 가구만 살 수 있는 단독 주택이고, 도심 곳곳에 일반 주택과 섞여 있습니다. 워낙 많은 사람이 살고 있기도 하지만 일반 주택과 섞여 있기 때문에, 우리나라처럼 공공 임대 주택에 사는 것을 부끄러워하는 일 따위는 없습니다. 또 주택 조합은 지은 지 오래된 집도 수리를 해서 쓰기 때문에 환경 보호에도 도움이 됩니다.

물론 수도 암스테르담과 같은 대도시는 사람이 몰려 집 구하기가 어렵다는 단점도 있습니다. 돈을 더 낸다고 들어갈 수 있는 게 아니라, 동네 구청에 신청서를 내고 순서에 따라 입주하기 때문에 좋은 동네로 이사하려면 그만큼 시간이 걸리는 것이죠.

네덜란드에서 셋방 사는 가구 넷 중 셋은 공공 임대 주택에 살고 있습니다. 나머지는 정부가 아닌 민간인이 주인인 집에 세들어 삽니다. 그러나 여기에도 정부의 손길은 미치고 있습니다. 집주인이 시세보다 지나치게 많은 월세를 받지 못하도록 하는 것이죠.

집주인이 터무니없이 많은 돈을 내라고 할 경우 세입자는 지역마다 설치된 임대료 조정 위원회에 신고하면 됩니다. 위원회에서 조사해서 집의 등급에 비해 월세가 지나치게 높으면 집주인에게 월세를 낮추라고 명령하고, 집주인은 이에 따라야 합니다.

정부가 주인인 집에서 세들어 사는 국민은 네덜란드에만 있는 게 아닙니다. 오스트리아인의 23%, 영국과 체코인의 20%, 덴마크인의 19%, 스웨덴과 핀란드인의 18%, 프랑스인의 17%, 폴란드인의 12%도 정부 셋방인 공공 임대 주택에서 평생을 내 집처럼 삽니다(오스트리아·영국·핀란드는 2001년, 체코·폴란드는 2004년, 덴마크는 2005년, 스웨덴·프랑스는 2002년 기준). 한국도 공공 임대 주택이 있긴 하지만, 5% 정도로 너무 적습니다. 우리나라도 네덜란드처럼 공공 임대 주택을 늘린다면 셋방 가구의 절반 이상이 2년에 한 번씩 이사 다녀야 하는 현실을 바꾸는 데 큰 도움이 되지 않을까요?

싱가포르

동남아시아의 작은 섬나라 싱가포르는 인구 밀도 세계 1위에 도시화율 100%입니다. 좁은 국토에 인구는 많은 데다 모두가 도시에 사니 주택 문제가 심각할 법합니다. 그러나 국민 열 중 아홉꼴로 자기 집을 소유하고 있어 주택 문제를 잘 해결한 모범 국가로 꼽히고 있습니다.

싱가포르 집값이 반값인 이유

세월이 흘러 변화는 있겠지만 2000년 기준으로 싱가포르 전체 가구의 92%는 자기 집을 가진 집주인입니다. 2%는 정부가 집주인인 공공 임대 주택에 살며, 나머지 6%만 민간 셋방에 살고 있습니다. 사실상 모든 국민이 자기 집을 가진 셈인데, 이게 가능한 이유는 집값이 싸기 때문입니다.

싱가포르의 평균 집값은 한 가구당 1년간 버는 평균 소득의 2배 정도입니다. 우리나라 집값이 소득의 9배나 되는 것과 견줘 보면 무척 싼 것이죠. 싱가포르 집값이 싼 첫 번째 이유는 땅값은 내지 않고 건물 값만 내고 집을 사기 때문입니다. 왜 땅값을 내지 않느냐고요?

싱가포르는 국토의 대부분인 90% 이상을 정부가 소유하고 있습니다. 한때 땅 투기가 극성을 부린 적이 있지만, 1960년대부터 정부가 땅을 모두 사들여 투기를 완전히 뿌리 뽑았습니다. 정부는 땅이 필요한 사람에게 아주 싼 값으로, 99년에서 999년까지 빌려 줘 국민 생활이나 기업 활동에 아무런 불편이 없게 하고 있습니다. 따라서 집을 살 경우에도 땅은 사지 않고 건물만 사는 것입니다.

집값이 싼 두 번째 이유는 집을 건설 회사가 짓지 않고 정부가 짓기 때문입니다. 싱가포르 집 가운데 80%는 정부 기관인 주택개발청(HDB)이 지었습니다. 정부가 소유한 국토의 절반을 관리하는 것이 바로 주택개발청입니다. 싱가포르 국민들도 예전에는 상가 건물에 세들어 여러 명이

한 방에 살거나, 아니면 야자수 잎으로 지은 집이나 판잣집 같은 곳에서 힘들게 살았습니다. 그런데 정부가 1961년 주택개발청을 만들어 싼값에 집을 지어 팔기 시작하면서 사정이 점차 나아졌습니다.

정부가 짓는다고 해서 좁고 허름한 집을 짓는 게 아닙니다. 방 한 칸짜리에서 다섯 칸짜리까지 국민들이 필요한 집을 다양하게 짓습니다. 대신 굳이 필요 없는 사치스런 재료는 쓰지 않는 등 집값을 싸게 하려 노력합니다. 또 건설 회사는 땅값을 포함한 원가에 이윤을 얹어 팔지만, 정부는 그렇지 않으니까 싼 것이죠.

집값이 싸다고 해도 목돈이 들어가는 게 사실입니다. 그런데 싱가포르 정부는 주택 구입 때 집값 대부분을 거의 이자를 받지 않고 미리 빌려 줍니다. 이것이 가능한 것은 국민 모두에게 매달 월급의 3분의 1을 강제로 저축하게 해서 모아 놓은 국민 연기금(CPF)이 있기 때문입니다.

열 중 아홉이 주택 소유자

그렇다면 실제로 싱가포르 사람들은 어떻게 내 집을 장만하게 되는지 싱가포르에 살고 있는 이봉렬 기자가 쓴 글을 통해 알아보죠.

싱가포르의 한 중소기업 구매 담당자인 로잘린(32)은 한국인 동료가 한국 아파트 값 폭등 때문에 한숨짓는 모습이 잘 이해되지 않는다.

로잘린은 6년 전 결혼하면서 침실이 세 개고 거실, 주방 그리고 다용도실이 딸린 30평대 아파트(싱가포르 규격 5-room type)를 현금 500만 원만 내고 샀기 때문에 집 문제로 고민해 본 기억이 별로 없다.

이렇게 '말도 안 되는 금액'으로 30평대 아파트를 살 수 있었던 건 싱가포르 주택개발청(HDB)이 주도하는 독특한 주택 정책 덕분이다.

로잘린이 구입한 HDB 아파트(정부 아파트라 부르겠습니다 : 필자)의 분양가는 대략 1억 2,000만 원 정도였다. 이는 민간 업체가 분양하는 아파트의 절반도 안 되는 가격이다. 주택개발청은 연기금을 활용해 토지를 개발하고, 아파트 단지 전체가 아닌 건물만 개별 분양하기 때문에 이처럼 가격을 낮출 수 있었다.

집값이 낮을 뿐 아니라 주택개발청이 운영하는 각종 지원 제도를 잘 활용하면 집을 살 때 목돈이 필요 없다. 실제로 로잘린은 집값의 80%를 주택개발청을 통해 30년 장기 대출로 해결했다. 금리는 2%대로 크게 부담되는 수준은 아니다.

나머지 16%는 로잘린이 가입한 연기금(CPF)을 통해 충당했다. CPF란 10달러 이상 월급을 받는 모든 싱가포르 노동자들이 월급의 31%를 의무적으로 저축하게 만든 연기금 제도로, 그 절반은 회사에서 부담하기 때문에 로잘린은 회사에서 일부 지원을 받아 집을 산 셈이다.

게다가 로잘린은 집을 살 때 3,000만 원 정도 할인 혜택까지 받았다. 부모가 거주하는 정부 아파트와 가까운 정부 아파트를 분양받으면 집값을 할인해 주는 제도가 있기 때문이다. 저소득층에게는 30%를 추가로 할인해 주는 제도도 있지만 회사에 다니는 로잘린에게는 해당 사항이 없었다.

로잘린이 이처럼 저렴하게 정부 아파트를 사기 위해 갖춰야 할 조건이 전혀 없는 건 아니었다. 월평균 소득이 400만 원 이하여야 하며, 가족이 1명 이상 있어야 한다(독신자는 35세 이상이 되어야 자격이 주어지고 집 크기에도 제한을 받는다).

대신 개인이 파산을 해도 은행에서 정부 아파트만큼은 가져가지 못하도록 철저하게 보호해 준다. 이 같은 조건을 보면 정부 아파트의 공급이 실수요자인 서민층의 주거 안정을 최우선 목표로 한다는 것을 알 수 있다.

— 이봉렬, '500만 원만 있어도 30평 아파트 산다', 〈오마이뉴스〉, 2006년 11월 13일자.

물론 많은 돈을 빌려 집을 샀기 때문에 로잘린은 오랫동안 이 빚을 갚기 위해 열심히 일해야겠죠. 하지만 이자가 매우 싸고, 앞으로도 계속 현재와 같은 벌이를 할 수 있다면 큰 문제는 없을 겁니다.

그러나 집을 산 사람이 실업자가 되거나 벌이가 시원치 않게 된다거나 무리해서 빚을 내 집을 산 사람은 곤란을 겪을 수도 있습니다. 이 점에서는 소득과 상관없이 모든 국민이 집을 사게 하는 정책이 부작용을 일으킬 수 있습니다.

또한 싱가포르 정부에서 지어 파는 집은 값이 싸기 때문에 비싼 값에 되팔아 돈을 버는 수단으로 이용될 가능성도 있습니다. 싱가포르 정부는 이것을 막기 위해서 5년 안에 그 집을 팔 때는 반드시 주택개발청에 되팔도록 하고 있습니다. 또 주택개발청이 지은 집을 살 기회를 태어나서 죽을 때까지 딱 두 번으로 제한해서 투기에 이용되지 못하도록 하고 있습니다.

싱가포르만이 아니라 헝가리 국민의 93%, 스페인 국민의 82%, 아일랜드 국민의 79%, 포르투갈 국민의 75%, 그리스 국민의 74%도 자기 집을 갖고 있습니다(헝가리·스페인은 2003년, 아일랜드는 2002년, 포르투갈과 그리스는 2001년 기준). 나라마다 사정은 다르겠지만, 어쨌든 대다수 국민이 자기 집을 가질 수 있다면 집 걱정에서는 벗어났다고 할 수 있지 않을까요?

'집으로 돈 버는' 현실부터 바로잡아야 한다

지금까지 독일, 네덜란드, 싱가포르를 중심으로 다른 나라 사람들은 어떻게 사는지 살펴봤습니다. 앞에서 수십 년간 잠잠하던 독일 집값이 최근 올랐다고 얘기했듯이, 싱가포르도 외국에서 막대한 투자 자금이 몰려들어 집값이 상당히 올랐습니다. 이처럼 금리의 변동이나 투자 자금의 이동 등의 사정으로 일부 변동이 일어나기도 하지만 이들 나라의 공통점은 대체로 다른 나라에 비해 부동산 가격이 안정돼 있고 투기가 심하지 않다는 것입니다. 또 집을 갖고 있거나 집을 빌려 줘 얻게 되는 소득에는 예외 없이 정당한 세금을 물리기 때문에 주택으로 터무니없이 많은 돈을 벌려는 생각이 통하지 않습니다.

아무리 좋은 제도라도 그대로 받아들이기는 어렵습니다. 나라마다 걸어온 역사가 다르고 정치·사회·지리적 환경도 다르기 때문이지요.

하지만 우리나라의 경우 아직도 부동산 투기가 심하고 가격이 주기적으로 크게 오를 뿐 아니라, 부동산 관련 세금도 제대로 정비돼 있지 못합니다. 이 같은 차이를 좁히는 일을 우선해야 하는 것이죠.

싱가포르처럼 당장 모든 국민이 집을 갖게 할 수는 없다 하더라도, 정부가 조금씩이라도 땅을 사들여 나간다면 큰 도움이 될 수 있겠지요. 또 집을 정부가 직접 짓는다면 싼 집을 국민들에게 제공할 수 있을 것입니다.

정부가 집을 직접 짓거나, 이미 지은 집을 정부가 사들여 처지가 어려운 국민들에게 세들어 살 수 있게 한다면, 네덜란드 국민처럼 집이 없어도 내 집처럼 걱정 없이 살 수 있겠지요. 당장 집을 살 수 없거나 정부 셋방에 들어가지 않는다 하더라도, 독일처럼 셋방 사는 사람들을 보호할 수 있는 좋은 제도를 도입한다면 2~5년에 한 번씩 이삿짐을 싸는 일을 훨씬 줄일 수 있을 것입니다.

나라마다 집 모양이 왜 다른가요?
우리나라 주택의 종류에는 무엇이 있나요?

사전을 찾아보면 집이란 '사람이나 동물이 추위, 더위, 비바람 따위를 막고 그 속에 들어 살기 위하여 지은 건물'을 가리키는 낱말입니다. 집은 나라마다 지역마다 다릅니다. 땅, 기후, 집 지을 때 사용하는 재료들, 집 짓는 사람들의 기술에 따라 집의 종류나 구조가 달라지기 때문이지요. 그 사회의 문화나 종교에 따라서도 달라집니다.

예를 들어 추운 지방의 에스키모는 눈과 얼음을 이용해 이글루라는 집을 짓고 살았죠. 아프리카 적도에 사는 피그미족의 움막집은 잎이 무성한 나뭇가지들을 뼈대로 사용한 둥근 모양인데, 종교적 의미를 담고 있습니다. 집이 그들의 신과 이어주는 끈이라고 믿는 것이지요.

반면에 우리나라의 옛 집인 초가집은 지붕은 볏짚으로 엮어 덮고, 벽은 진흙으로 만들었습니다. 또 난방을 위한 온돌과 냉방을 위한 마루를 함께 갖췄습니다. 벼농사를 짓기 때문에 쉽게 구할 수 있는 볏짚을 사용했고, 대륙성 기후와 해양성 기후가 함께 영향을 미치는 한반도에서 추위와 더위를 동시에 해결하려 한 것이지요. 볏짚이 비에 젖어 썩고 불편하자 기와로 지붕을 덮는 기와집이 등장했습니다.

요즘에는 볏짚이나 기와, 흙 대신 시멘트로 집을 짓지요. 그래서 재료가 아니라 층수나 크기, 집의 구조를 기준으로 집의 종류를 나눕니다. 주택법과 건축법에 따라 우리나라 집의 종류를 살펴보면 크게 단독 주택과 공동 주택으로 나뉩니다. 단독 주택은 말 그대로 한 채씩 따로따로 지은 집을 말합니다. 공동 주택은 여러 가구가 독립된 생활을 하면서도 벽, 복도, 계단 등의 시설을 공동으로 사용할 수 있도록 지은 집을 말합니다.

공동 주택은 다시 아파트, 연립 주택, 다세대 주택으로 나뉩니다. 층수가 5층 이상이면 아파트입니다. 5층 미만이면서 한 개 동의 바닥 면적 합계가 660㎡가 넘으면 연립 주택이고 이하면 다세대 주택입니다.

단독 주택과 공동 주택 외에 '비거주용 건물 내 주택'이란 게 있는데요, 상가나 학원 등 영업을 목적으로 지은 집이지만 살림할 수 있도록 시설이 돼 있는 경우를 말합니다. 단독 주택이나 공동 주택 그리고 '비거주용 건물 내 주택'에도 포함되지는 않지만 오피스텔이나 호텔, 여관 등 숙박 업소의 객실, 기숙사 및 특수 사회 시설, 심지어 판잣집이나 비닐하우스 등에도 사람이 살고 있습니다. 이런 곳은 '주택 이외의 거처'라 부릅니다.

전세와 월세의 차이는 무엇인가요? 외국에도 전세와 월세가 있나요?

집을 통째로 빌리거나 일부를 빌려 쓰려면 집주인에게 사용료를 내야 합니다. 만약 방 한 칸을 빌리는 조건으로 한 달에 30만 원씩 사용료를 내는 것으로 했다면 월 30만 원이 월세(月貰)가 됩니다. 일부 지방에서는 '달세방'이라고도 하죠. 월세로 2년을 살았을 경우 1년에 360만 원씩 720만 원을 사용료로 집주인에게 주게 되겠지요.

전세(傳貰)는 월세와 달리 매달 사용료를 내지 않고 일정한 액수, 예를 들면 3,000만 원을 맡겼다가 나갈 때 되돌려받는 방식입니다. 전세로 2년간 살았다면 처음에 맡긴 3,000만 원을 고스란히 돌려받게 됩니다.

언뜻 생각하면 월세와 달리 전세로 집을 빌려 줄 경우 집주인은 아무런 이익이 없는 것 같죠? 그렇지 않습니다. 만약 집주인이 목돈이 필요해 3,000만 원을 은행에서 빌리면 이자를 줘야 하는데, 방을 빌려 주면 이자를 물지 않아도 되니 그만큼 이익이 생기는 겁니다.

월세도 전세금처럼 일정액을 맡기는 경우가 있는데 이를 '보증금 있는 월세'라 합니다. 앞의 경우처럼 보증금 없이 한 달에 30만 원씩 내는 경우엔 '보증금 없는 월세'라 하죠. 만약 1년간 내야 하는 360만 원을 미리 한꺼번에 집주인한테 주고 살 경우에는 '사글세'라고 합니다.

외국은 일부 사글세가 있긴 합니다만 대부분 월세로 집이나 사무실을 빌립니다. 전세는 전 세계에서 우리나라에만 있는 독특한 제도랍니다.

2010년 기준으로 우리나라에서 남의 집을 빌려 사는 사람은 749만 가구 1,783만 명입니다. 이 가운데 50%인 377만 가구는 전세로, 42%인 315만 가구는 보증금 있는 월세로, 5%인 34만 가구는 보증금 없는 월세로, 3%인 23만 가구는 사글세로 집을 빌려 살고 있습니다.

우리나라에서 셋방에 사는 가구 현황 (단위: 가구, 괄호 안은 %)

전체 가구	자기 집에 사는 가구	셋방에 사는 가구					무상으로 사는 가구
		계	전세	보증금 있는 월세	보증금 없는 월세	사글세	
17,339,422	9,389,855	7,485,907 (100.0)	3,766,390 (50.3)	3,148,209 (42.1)	341,583 (4.6)	229,725 (3.1)	463,660

자료 : 통계청, 2010년 기준

우리나라 부동산 가격은 왜 터무니없이 올랐나요?

5

우리나라 부동산 가격이 오르는 것은 자연 환경상 어쩔 수 없는 일이 아니라는 것입니다. 잘못된 정부 정책을 배경으로 재벌을 비롯한 투기 세력이 투기를 일삼은 결과이며 이를 막을 수 있는 제대로 된 정책을 펴지 못한 결과라는 것이지요.

5. 우리나라 부동산 가격은 왜 터무니없이 올랐나요?

좁은 국토에 인구가 많아서일까?

우리나라 부동산 가격은 왜 터무니없이 빨리, 많이 올랐을까요? 어떤 사람은 좁은 국토에 인구가 많기 때문이라고 말합니다. 또 어떤 사람은 산업화 과정에서 인구가 도시로 집중되어 집이 부족해졌기 때문이라고 설명합니다.

다시 말하면 '좁은 국토에 많은 인구'라는 자연적·물리적 환경과 '산업화와 도시화'라는 시대적인 조건 때문에 어쩔 수 없이 오른 것 아니냐는 것이죠. 심지어 이렇게 좁은 나라에 태어난 게 잘못이지 누구를 탓하겠느냐며 운명론이나 숙명론을 얘기하는 사람도 있습니다. 과연 그럴까요?

물론 이 같은 요인이 전혀 없는 것은 아닙니다. 그러나 이것만으로는 너무 빨리, 너무 많이 오르는 한국의 부동산 문제를 설명하기엔 한참 부족합니다.

왜냐하면 산업화나 도시화는 우리나라뿐 아니라 자본주의가 발달한 모든 나라가 똑같이 겪은 것인데, 한국처럼 부동산 가격이 폭등한 나라는 극히 드물기 때문입니다. 또 우리나라보다 국토에 비해 인구가 많은 나라 즉, 인구 밀도가 높은 나라들도 여럿이지만 한국과 같이 부동산 문제가 심각하지 않기 때문입니다.

앞에서 싱가포르 사례를 얘기했습니다만, 유엔(UN) 자료에 따르면 2007년 기준 싱가포르의 인구 밀도는 1km²당 6,508명으로 한국(486명)의 13배에 달합니다. 또 한국은 도시에 거주하는 인구 비율이 80%인데 싱가포르는 100%인 도시 국가입니다. 싱가포르도 한국과 마찬가지로 산업화가 진행된 나라입니다. 만약 '좁은 국토에 많은 인구'나 '산업화와 도시화' 때문에 부동산 가격이 많이 오르는 것이라면 싱가포르는 한국보다 부동산 문제가 훨씬 심각해야 합니다.

그러나 싱가포르는 투자 자금의 급격한 유입으로 일시적인 집값 상승이 일어났지만 한국처럼 주기적으로 부동산 가격이 폭등하지 않았을뿐더러, 국민의 92%가 자기 집을 소유하고 있을 정도로 부동산 문제를 말끔하게 해결한 모범적인 나라입니다. 다시 말하면 부동산 가격이 오르기만 하는 게 운명이거나 숙명이어서 도저히 해결할 수 없는 문제가 아니라는 겁니다.

그렇다면 한국의 부동산 가격이 폭등한 이유는 어디에 있는 것일까요? 앞에서 부동산 가격이 1960년대 말, 1970년대 말, 1980년대 말 그리고 2002년 이후 이렇게 총 네 차례 폭등했다고 말했습니다. 10년에 한 번씩 투기의 악령이 되살아나는 셈입니다. 그런데 부동산 가격이 폭등할 때는 다음과 같은 조짐이 나타납니다.

첫째, 막대한 투기 자금이 조성됩니다. 1960년대 중반엔 월남전 참전에 따른 자금이, 1970년대 중반엔 중동에서 벌어들인 돈이 각각 들어왔습니다. 또 1980년대 중반엔 3저(저금리, 저유가, 저달러) 호황으로 수출이 크게 늘어 엄청난 돈이 들어왔습니다. 2002년 가격 폭등기를 앞두고는 은행에서 싼 이자로 많은 돈을 풀었습니다. 이 돈이 부동산 시장으로 흘러들어 투기 자금으로 사용된 겁니다.

둘째, 정부가 부동산 가격을 끌어올리는 큰 규모의 공사를 여러 곳에 벌였습니다. 역대 정부는 경기가 어려울 때마다 부동산 건설을 경기를 띄우는 수단으로 삼아 왔고, 그 결과 크고 작은 공사가 끊이지 않았습니다.

1967년 경부고속도로 건설이 시작되면서 땅값이 크게 올랐고, 1970년대 중반 중화학 공업 육성을 위한 영남 지방 개발과 서울 강남 개발 역시 땅값 상승으로 이어졌습니다. 1980년대 말 땅값 폭등 역시 서해안 개발과 86 아시안 게임 및 88 서울 올림픽 관련 개발 그리고 수도권 1기 신도시 개발의 결과입니다. 2002년 아파트 값 상승은 각종 신도시 개발과 수도 이전 발표 그리고 뉴타운과 같은 도심 재개발 사업의 영향이 컸습니다. 결국 갈 곳을 찾고 있던 막대한 투기 자금에 정부의 대형 개발 공사가 무대를 제공해 준 셈이었죠.

셋째, 부동산 투기를 막는 장치나 제도가 풀립니다. 우리나라에서 부동산 투기를 막는 제도는 1967년 도입된 '부동산 투기 억제세'에서 비롯되었습니다. 처음 도입될 때만 해도 빠져나갈 구멍이 너머 커서 1960년대 말의 부동산 가격 폭등을 막기에는 역부족이었고, 1970년대 초에 가서야 제 모양을 갖추게 되었습니다. 그러나 1970년대 중반에 이조차도 대폭 후퇴시킴으로써 1970년대 말의 가격 폭등을 막을 수 없게 됩니다. 1980년대 말과 2002년 가격 폭등 역시 그간 만들어 놓았던 투기 규제 장치와 제도를 풀어 버린 상태에서 일어났습니다.

이처럼 막대한 투기 자금이 조성되는 시기에 정부가 개발 정책을 쏟아내고 투기를 막는 장치를 풀어 버림으로써 10년에 한 번씩 투기의 악령을 흔들어 깨운 것입니다. 따라서 우리나라 부동산 가격이 크게 오른 데는 역대 정부의 부동산 정책의 책임이 가장 크다고 할 수 있습니다.

'복부인'에서 '빨간 바지'로

서울시 서초구 양재동 양재역 네거리의 옛 땅 이름은 '말죽거리'입니다. 조선 시대에 말에게 죽을 끓여 먹이던 곳이었다는 데서 유래했다고 합니다. 지금은 수도권 전철 3호선 양재역 4번 출구 앞에 서 있는 표지석에만 그 이름이 남아 있습니다.

1965년까지만 해도 말죽거리 일대는 온통 논밭으로 200원을 주면 땅한 평을 살 수 있을 정도로 가격이 쌌습니다. 그런데 1966년 강남 개발 계획, 1967년 경부고속도로 건설 계획 등이 발표되자 땅값이 뛰기 시작했습니다. 이때부터 "말죽거리에 땅을 사면 떼돈을 번다"는 소문이 나돌았습니다.

그때는 교통이 불편했기 때문에 동작동 국립묘지까지는 버스를 타고, 거기서부터 말죽거리까지는 걸어가야 했던 시절이었지만 말죽거리 복덕방에는 땅을 사려는 사람들로 북적였습니다. 복덕방이 뭐냐고요? 부동산을 사고팔 때 이용하는 곳인데요, 요즘으로 말하면 공인중개사 사무소입니다.

더구나 1969년 용산구 한남동과 강남구 압구정동을 잇는 한남대교에 이어 1970년 경부고속도로까지 개통되자 땅값은 평당 6,000원으로 뛰어올랐고, 말죽거리에서 시작된 땅값 폭등 바람은 강남 전 지역으로 퍼져 나갔습니다.

2010년 9월 당시 이명박 대통령이 문화체육관광부 장관과 지식경제부 장관으로 임명하려 한 장관 후보자들은 부동산 투기를 한 게 문제가 돼 사퇴했습니다. 한 사람은 땅을, 다른 한 사람은 쪽방을 투기 목적으로 사 뒀다고 합니다. 쉽게 말하면 그 땅에 농사를 짓거나 그 집에 살기 위해서가 아니라, 땅과 집의 가격이 크게 오르면 되팔아 큰돈을 벌 목적으로 사뒀다는 것인데 이 과정에서 법을 어긴 것이 밝혀진 것이지요.

한몫 잡으려 땅이나 집을 사러 다니는 부인들을 '투기 부인'이라 합니다. 이들이 세상에 처음 얼굴을 내민 게 바로 말죽거리에서 강남까지 땅값이 크게 오르던 1960년대 말, 1970년대 초입니다. '투기 부인'은 나중에 '복부인'으로 이름을 바꿔 가며 투기 세력의 대명사가 됐습니다.

　1979년 12월 11일자 〈동아일보〉에 따르면 "부동산 투기의 호경기 때 돈 보따리를 싸 가지고 복덕방을 드나들며 재미를 톡톡히 보는 부인을 복부인이라 했다"며, "복부인(福婦人)의 복은 복덕방(福德房)의 복을 일컫는다"고 썼습니다. 이때 처음 생긴 복부인이란 낱말이 지금은 국어사전에까지 올랐는데요 '부동산 투기로 큰 이익을 꾀하는 가정부인을 속되게 이르는 말'이라고 나와 있습니다.

　1980년대 말 제3차 투기 때는 복부인은 '빨간 바지'라고 불렸습니다. 이유는 당시 땅 투기로 이름을 날렸던 고위층 부인들이 빨간색 바지를 즐겨 입고 다녔기 때문이라고 합니다.

　또 1990년대 말에는 아파트 분양 현장에서 이동식 중개업소를 차려 놓고 불법 매매를 일삼던 '떴다방'이 등장했는가 하면, 개발이 예정된 땅

일부를 미리 사서 되파는 '알 박기', 특정 부동산에 대해 사고팔기를 반복해 가격을 올리는 '돌려 막기' 등 신종 투기 수법이 나타나면서 수많은 은어가 만들어지기도 했답니다.

짓기도 전에 팔 수 있는 아파트

그런데 주의할 게 있습니다. '복부인'이나 '빨간 바지' 또는 '떴다방' 등이 모두 투기 세력인 것은 맞지만, 이들은 조연 또는 엑스트라에 불과하다는 것입니다. 투기의 진정한 주인공은 누구일까요? 바로 기업, 그중에서도 재벌입니다.

투기로 돈을 벌려면 개발 정보를 미리 알 수 있어야 합니다. 그뿐만 아니라 부동산을 살 수 있는 자금을 충분히 조달할 수 있어야 합니다. 재벌은 이 두 가지 능력이 뛰어날 뿐 아니라 직접 공사를 담당했고, 나아가서 정부로부터 각종 특혜를 받으며 막대한 돈을 벌었습니다.

재벌들은 개발 예정지의 땅을 미리 사 두는 방법으로 많은 돈을 벌었습니다. 부동산 가격이 세 번째로 폭등했던 1980년대인 1985~88년 4년 간 삼성, 롯데, 기아, 금호 등 4대 재벌이 사 놓은 땅 가운데 생산에 필요한 공장 용지는 전체의 4%에 지나지 않았습니다. 임야 64%, 논밭과 목장 용지 9%, 대지 6%, 기타 17% 등으로 투기를 목적으로 사 놓은 '비업무용'이 대부분이었습니다. 이처럼 재벌들은 기업 운영으로 거둔 수익을 기술 개발보다는 땅 사는 데 써 경제 발전에도 좋지 않은 영향을 미쳤습니다.

여러분이 알고 계신 재벌 대기업을 한번 머릿속에 떠올려 보십시오. 그 가운데 건설업이나 아파트 짓는 사업을 하지 않는 곳이 없습니다. 삼성은 래미안이라는 상표를 단 아파트를 지어 팔고, 현대는 아이파크 또는 힐스테이트를 짓습니다. 포스코는 더샵을, 롯데는 캐슬을, GS는 자이를 짓는 식으로 재벌들이 너도나도 아파트 지어 파는 일에 나서는 것은 그만큼 돈이 많이 벌리기 때문입니다. 재벌들은 그동안 아파트를 지어 팔아 많은 돈을 벌었습니다. 박정희 정부 때부터 집을 공급하는 일을 정부가 하지 않고 재벌들에게 맡겼기 때문에 재벌들은 대부분 건설업을 하면서 성장했습니다.

아파트를 짓고 파는 데서 큰돈을 벌 수 있는 비결은 '짓기도 전에 팔 수 있는' 특권에서 시작됩니다. 여러분이 입는 옷이나 사용하는 학용품 등 어느 것 하나 물건을 만들기도 전에 돈부터 내고 사는 건 없습니다. 소비자가 완제품을 보고 난 '후(後)' 이것저것 따져보고 비용을 지불하는 후불제입니다. 그런데 유독 재벌이 짓는 아파트만은 짓기도 전에 '먼저(先)' 돈을 내고 분양받는 선분양제가 시행되고 있습니다.

이는 1970년대에 박정희 정부가 재벌에게 준 특혜로, 한국 외에 세계 어느 나라에도 없는 제도입니다. 선분양 제도는 은행에서 돈을 빌려 땅을 마련한 뒤부터는 짓지도 않은 아파트를 팔 수 있기 때문에 재벌에게 매우 유리한 제도입니다. 재벌은 땅값을 은행에서 빌리고 아파트를 짓는 데 필요한 자금은 미리 소비자한테 받는 것이니 그만큼 부담이 줄어들지요. 더구나 아파트를 짓고 나서 팔리지 않을까 봐 걱정할 일도 없습니다. 그러나 소비자는 매우 불리합니다. 미리 돈을 내야 할 뿐 아니라, 짓는 사이에 가격이 떨어지면 그 손해를 소비자가 져야 합니다.

게다가 재벌은 비용을 부풀려 비싸게 팔아 큰돈을 법니다. 땅값이나 건축비, 그리고 설계·감리비나 보상금 같은 간접 비용을 부풀려 아파트

판매 가격 즉, 분양 가격을 턱없이 비싸게 매기는 것입니다.

1970년대 이래 분양가를 정부가 정한 가격 이하로 하는 분양가 상한제가 실시되었습니다만, 1997년 외환 위기 이후 분양 가격 결정 권한이 재벌들에게 넘어간 뒤부터 아파트 분양가는 폭등했습니다. 1998년 512만원 하던 서울 지역 아파트 평당 분양가는 2008년 2,414만 원으로 올랐습니다. 10년 만에 무려 5배로 뛴 것입니다.

그 사이 땅값이나 건축비 등 아파트를 짓는 데 들어가는 비용이 크게 오르지 않았기 때문에 그만큼 재벌 건설사들이 폭리를 취한 것입니다. 이는 분양 가격이 오르면 주변 아파트 가격이 오르고, 그러면 다시 새로 분양되는 아파트 가격이 오르는 연쇄 작용을 일으켜 서울과 수도권 아파트 가격을 크게 끌어올리고 말았습니다.

누가 부동산 가격을 올렸나요?

재벌만이 아니라 언론, 정치권, 관료, 학자들도 투기를 거들었습니다. 언론은 재벌들의 부동산 광고를 싣기 위해 투기에 유리한 기사를 쓰고, 정치권과 관료들은 재벌한테서 정치 자금을 받거나 퇴임 후 자리를 보장받으며 투기를 부채질하는 정책을 펴 왔습니다. 일부 학자들 또한 재벌들의 후원을 받으며 집을 더 많이 지어야 한다거나 부동산 가격이 올라야 경제가 발전한다는 억지 논리를 내세웠습니다.

흔히 이들 다섯 개 집단을 '부동산 5적'이라 합니다. 일본 제국주의에 나라를 판 을사오적에 비유해서 국민을 부동산으로 고통받게 하는 다섯 범인을 가리키는 말입니다. 그런데 은행도 여기에 가세해 투기 자금을 공급하며 큰 역할을 했기에 은행을 포함한 '부동산 6적'이 더 적절한 표현이 돼 가고 있습니다.

　지금까지 살펴본 내용을 요약하면 우리나라 부동산 가격이 오르는 것은 자연 환경상 어쩔 수 없는 일이 아니라는 것입니다. 잘못된 정부 정책을 배경으로 재벌을 비롯한 투기 세력이 투기를 일삼은 결과이며 이를 막을 수 있는 제대로 된 정책을 펴지 못한 결과라는 것이지요. 따라서 잘못된 정책을 바로잡고 투기를 뿌리 뽑는다면 얼마든지 바로잡을 수 있는 문제입니다.

왜 땅값은 지역마다 다르고, 오르고 내리나요?

땅값은 팔려는 사람과 사려는 사람이 흥정해서 정합니다. 이렇게 정해진 값을 '매매 가격'이라 합니다. 그런데 같은 면적이라도 지역마다 가격이 다르고, 또 올랐다 내렸다 하는 이유는 뭘까요?

쉽게 말하면, 쓸모 있는 땅은 비싸고 쓸모없는 땅은 쌉니다. 그런데 '쓸모'라는 게 시대와 지역에 따라 조금씩 다릅니다. 특히 현대 사회는 인구가 도시에 집중되기 때문에 농촌보다 도시의 땅값이 더 비싸죠.

어떤 목적으로 사용하느냐에 따라서도 땅값은 차이가 납니다. 예를 들어 물건을 사고파는 상가 건물을 지으려는 사람이 있다면 사람이 잘 다니지 않는 곳보다는 하루종일 사람이 구름 떼처럼 지나다니는 곳을 더 찾겠죠. 이런 곳은 당연히 땅값이 비쌉니다. 그러니 같은 도시 안에서도 중심가와 변두리는 땅값이 다르겠죠.

서울의 강남은 1970년대까지만 해도 논밭으로 이뤄진 변두리였습니다. 그래서 땅값도 쌌죠. 그러나 지금은 서울의 중심가가 돼서 말 그대로 금값이 됐습니다. 그리고 땅값이 앞으로 계속 오르리라 믿고 사람들이 몰리면서 가격이 더 올랐습니다. 투기 수요가 몰린 것이죠. 물론 반대인 경우도 있습니다. 이처럼 땅은 쓸모에 따라 가격이 달라집니다.

매매 가격 말고 또 다른 땅값이 있는데요, 정부가 세금을 걷는 기준으로 삼기 위해 매기는 땅값 즉, 공시 지가가 그것입니다. 정부가 땅값을 조사해서 1년에 한 번씩 정하는데요, 매매 가격의 80% 수준으로 조금 낮게 매겨집니다.

집값은 어떻게 정해지나요?

물건값이 정해질 때는 여러 가지 요인이 작용합니다. 우선 그 물건을 만드는 데 들어간 비용, 즉 생산 원가가 반영됩니다. 집도 그렇습니다. 아무리 싸다 해도 집을 지을 때 들어간 돈은 포함된 것이겠죠.

집을 짓는 데 들어가는 비용은 크게 세 가지입니다. 첫째는 땅값입니다. 예를 들어 도시는 농촌보다 땅값이 비싸므로 집을 짓는 데 드는 비용도 올라갑니다. 둘째는 시멘트나 철근 같은 재료비라든지 공사 장비 사용료 그리고 일한 사람들의 임금 등 집을 짓느라 들인 비용인데 이것을 건축비라고 합니다. 만약 시멘트나 철근 같은 재료비가 오를 경우 집값은 당연히 그만큼 올라가겠죠. 셋째는 땅값과 건축비를 제외한 나머지 비용들인데요, 예를 들면 집을 설계하는 데 든 비용, 건설 회사가 아파트를 팔기 위해 텔레비전에 광고하느라 들인 비용 같은 거죠.

물건값은 생산 원가뿐 아니라 다른 요인에 따라서도 달라집니다. 예를 들면 사려는 사람은 많은데 물건이 적다면 가격이 오르고, 반대로 물건은 많은데 아무도 사려 하지 않는다면 가격은 내려갑니다. 집값도 사려는 사람이 많으면 올라가고, 팔려고 내놓은 집은 많은데 사려는 사람이 적으면 내려갑니다.

이 밖에도 가격이 오르거나 내리는 이유가 여러 가지 있습니다. 예를 들어 똑같은 크기의 2층짜리 집이라도 어느 동네에 있느냐에 따라 다릅니다. 교통이 편리하고 공기도 좋고 여러 가지로 살기 좋은 곳은 더 비쌉니다. 또 앞으로 큰 빌딩이 들어서는 등 개발 가능성이 클수록 그 동네 집값은 올라갑니다. 그러면 가격이 더 오를 것이라 기대하고 사람들이 몰리는데 이것을 '투기 수요'라 합니다.

만약 어떤 집을 2년 전에 2억 원을 주고 샀는데, 팔 때 4억 원에 팔았다면 집을 사고팔 때 들어간 세금이나 복덕방에 준 중개료를 빼더라도 2년 사이에 거의 2억 원 가까운 돈을 벌겠죠? 그동안 우리나라 집값은, 특히 대도시의 경우, 계속 올랐기 때문에 집을 사고팔아 많은 돈을 벌었습니다. 그러다 보니 돈이 생기면 너도나도 앞으로 오를 가능성이 있는 집을 사려고 했습니다. 이런 일을 전문적으로 하는 사람들을 부동산 투기꾼이라 하지요. 살기 위해서가 아니라 돈을 벌기 위한 수단으로 집을 사고파는 사람들입니다.

건설 회사가 실제 아파트를 짓는 데 들어간 비용의 몇 배가 넘는 가격을 매겨 파는 경우도 있습니다. 물건을 파는 사람들은 소비자의 심리를 이용해 가격을 일부러 비싸게 매겨 돈을 더 벌기도 합니다. 명품이라고 포장하면 아무리 비싸더라도 사려는 사람들이 있기 때문입니다. 가격이 비싸게 매겨진 물건을 사용하면 더 '폼이 난다'고 생각하는 거죠. 그래서 '비쌀수록 잘 팔린다'는 얘기도 나온 겁니다. 집도 그렇습니다.

이제 '우리 동네'는 없다

동물이나 식물도 환경이 바뀌면 탈이 나지 않습니까? 한곳에 뿌리내리고 살지 못하니 뿌리 뽑힌 삶이라 하겠지요. 하늘을 나는 새도 둥지가 있고 풀잎 사이를 기어다니는 달팽이도 제 집을 갖고 살지 않습니까? 그런데 만물의 영장인 인간이 집이 없어 바람처럼 뜬구름처럼 시도 때도 없이 떠돌며 살아야 하는 현실은 반드시 바로잡아야 합니다.

6. 이제 '우리 동네'는 없다

네덜란드 직장인보다 1년에 700시간 더 일하는 우리나라 직장인

우리나라 직장인들은 부지런하고 일 많이 하기로 소문이 나 있습니다. 경제협력 개발기구(OECD)에서 해마다 집계해 발표하는 노동 시간 통계를 보면 잘 알 수 있습니다.

OECD가 2011년 기준으로 발표한 노동 시간 통계를 보면 한국 직장인의 1년 평균 노동 시간은 2,090시간으로 비교 대상 세계 34개국 가운데 가장 깁니다. 노동 시간이 가장 짧은 네덜란드보다 700시간 이상 길고, 독일이나, 노르웨이, 프랑스에 비해서도 600시간 이상 깁니다.

34개국 평균 연간 노동 시간은 1,776시간이니 한국 직장인이 한 해 평균 314시간을 더 일하는 것이죠.

현대 사회는 자본주의 사회이기 때문에 대다수가 직장 생활을 하죠.

따라서 직장인들이 어떻게 사느냐 하는 것은 그 나라 사람들의 삶을 엿
볼 수 있는 잣대가 되고 있습니다. 우리나라에서 직장에 다니거나 자영
업에 종사하는 등 경제 활동을 하고 있는 인구는 2,600만 명에 달하고
이 가운데 직장인은 1,800만 명이 넘습니다. 경제 활동을 하는 사람의 3
분의 2 이상이 직장인인 것이죠(2013년 8월 기준).

 그런데 직장인들이 314시간 이상 일을 더 하고 있다는 사실은 대한민
국이 진정한 선진국으로 가려면 노동 시간을 큰 폭으로 줄여야 한다는
걸 말해 줍니다. 국민들이 충분한 일자리와 함께 충분한 여가를 보장받
아야만 행복하게 살 수 있고, 그런 사회가 진정한 선진국이기 때문이죠.

 우리나라 사람들이 다른 나라에 비해 314시간 이상을 더 일하며 열심
히 직장에 다니는 이유는 무엇일까요? 좀 더 행복하게 살기 위해서겠죠.

그런데 최근 OECD가 삶의 질 수준을 '행복지수'로 환산한 결과를 발표했는데, 조사 대상 36개 나라 중 우리나라는 하위권인 27위로 나타났습니다.

행복하게 산다는 것은 무엇일까요? 행복에 대해서 사람마다 생각하는 게 다르므로 무 자르듯이 딱 이것이라고 얘기하기는 어렵습니다. 그러나 인간 생활에서 가장 기본적인 의식주가 해결되지 않고는 행복하기 어렵다는 점은 분명합니다.

의식주란 인간 생활의 3요소 즉, 사람이 살아가는 데 꼭 필요한 세 가지 요소를 말합니다. 여기서 '의'란 옷 즉, 의생활을 말하고, '식'은 먹는 음식 그러니까 식생활을 가리키며, '주'는 집 다시 말하면 주거 생활을 말합니다.

'보릿고개'란 말 들어 보셨나요? 할아버지, 할머니의 젊은 시절 얘기인데요, 가을에 수확한 양식은 다 떨어지고, 보리는 미처 여물지 않은 5~6월 무렵, 먹을 게 없어 어려움을 겪던 시기를 가리킵니다. 1960~70년대까지는 실제로 대다수 사람이 보릿고개를 겪어야 했고 배고픔에 허덕이는 사람이 많았습니다. 지금도 결식아동이 있는 것처럼 이 문제가 완전히 해결된 건 아니지만, 사정이 많이 달라졌지요. 옷 즉, 의생활은 더 말할 것도 없죠. 과거에 어린아이들은 여름철에 아예 아랫도리를 내놓고 살거나, 겨울철에는 봄 옷을 여러 벌 껴입고 추위를 이겨 내던 시절을 생각하면 잘 알 수 있죠.

이렇게 보면 사람이 사는 데 꼭 필요한 요소도 시대에 따라 변한다고 하겠습니다. 그러나 여전히 해결되지 않고 있는 게 바로 '집 문제'입니다. 요즘은 여기에 교육과 의료 등의 문제가 더해져 이들이야말로 행복한 생활을 위한 '신(新)인간 생활의 3요소'가 되고 있습니다.

신혼부부와 직장인의 운명을 가르는 부동산

대한민국에서 신혼부부는 꿈같은 신혼여행에서 돌아오자마자 다음과 같은 선택과 마주칩니다. 바로 아이를 먼저 낳을 것인가, 내 집을 먼저 마련할 것인가를 정해야 하는 것이죠.

내 집을 마련하고 자식을 낳아 키우고 교육하는 데 돈이 너무 많이 들기 때문에, 두 가지를 동시에 하기가 쉽지 않기 때문입니다.

만약 어떤 신혼부부가 내 집 마련을 좀 늦추더라도 아이를 먼저 낳기로 했다면 산더미 같은 양육비와 교육비가 이들을 기다리게 됩니다. 한국 보건사회연구원의 조사에 따르면 한국에서 아이 한 명을 낳아 대학까지 졸업시키는 데 들어가는 비용이 모두 합쳐 2억 3,200만 원이나 됩니다(2006년 기준).

신혼부부가 아이를 낳기 전에 내 집을 먼저 마련하기로 했다고 해도 앞날이 결코 순탄치 않습니다.

2006년 기준으로 한국의 직장인 가운데 소득 수준이 평균에 가까운 가정에서 최대한 절약해서 저축을 통해 109m²(33평)형 아파트를 장만하는 데 19년이 걸립니다. 물론 집값이 비싼 서울은 10년이 더 걸려 29년이 필요하고, 집값이 가장 비싼 서울시 강남구에서는 무려 44년이 걸립니다(자료: 통계청, 국민은행).

　남자의 경우 대학을 졸업하고 군대를 다녀와 취직하는 나이가 28살입니다. 물론 요즘처럼 취직이 어려운 시대에 청년 실업을 거치지 않는 '천연기념물' 같은 사람에 해당되는 얘기겠지요. 이때부터 직장 생활을 시작해서 중간에 실업자가 되지 않고 정상적인 월급을 계속 받는다 해도 47살이 돼야 집 한 채를 살 수 있다는 얘기입니다. 집값이 비싼 서울에서는 57살이 돼야 하고, 강남에서는 72살이 돼야 한다는 뜻입니다. 말 그대로 '검은 머리가 파뿌리처럼' 하얘져야 집 한 채를 장만할 수 있다는 것은 결코 정상이라 할 수 없습니다.

　이 경우는 평균적인 보통 직장인 얘기니까 이보다 형편이 어려운 사람은 오죽하겠습니까. 이렇게 말이 안 되는 일이 현실에서 벌어지는 이유는 벌이에 비해 집값이 터무니없이 비싸기 때문입니다. 곪을 대로 곪은

부동산 문제가 대한민국 대다수 생활인들의 삶을 너무나 힘겹게 하는 것입니다.

앞에서 한국의 직장인들이 외국에 비해 1년에 314시간 이상을 더 일한 다고 했습니다. 그나마 남보다 열심히 땀 흘려 일하는 사람이 대우를 받는다면 다행이겠지요.

그러나 한국에서 직장인들의 운명은 누가 더 열심히 땀 흘려 일하느냐만으로 결정되지 않는 경우가 많습니다. 특히 부동산 문제가 심각할수록 이 같은 현상이 심해집니다.

같은 직장에 다니는 네 사람을 예로 들어 설명해 보겠습니다. 모두 가공의 인물이지만, 소득과 아파트 가격 및 증감률은 통계청과 국토교통부의 공식 통계를 적용한 것입니다.

T산업 임원 K씨(53세)는 한 달 평균 월급이 900만 원이다. 우리나라에서 가장 잘 나가는 100대 상장 기업 임원의 2007년 상반기 평균 월급은 5,200만 원인데 그 가운데 꼴찌에서 세 번째로 월급이 적다.

그러나 K씨는 다른 회사 임원에 비해 적은 월급에 크게 신경 쓰지 않는다. 5년 전에 분양받은 아파트 값이 그새 5배 가깝게 올랐기 때문이다. K씨가 2001년 9월 강남구 삼성동 현대아이파크 55평형을 분양받을 당시 분양가는 7억 6,230만 원이었다. 그런데 국토해양부(현 국토교통부) 아파트 실거래가를 조회해 본 결과 5년 반 만인 2007년 3월 33억 5,000만 원에 같은 평형이 팔렸다. 가만히 앉아서 25억 8,770만 원을 번 것이다. 월평균 3,921만 원, 1년 평균 4억 7,049만 원씩 번 셈이니 회사에서 받는 월급의 4.4배를 아파트에서 번 것이다.

K씨가 이 아파트를 분양받을 당시인 2001년 월급은 665만 원이었으니 35%가 올랐다. 같은 회사 비정규직 여성 노동자 L씨(29세)는 한 달 평균 월급이 98만 원으로 6년 전 76만 원에 비해 29%가 올랐다. 월급도 적고 형편도 어려운 L씨는 6년째 연립 주택 전세방에 살고 있는데 6,000만 원이던 전세금을 500만 원씩 두 차례에 걸쳐 1,000만 원 올려 주었다.

통계청 〈소득 분위별 가구당 월평균 가계수지〉에 따르면 K씨와 L씨는 도시 노동자 가구 중 소득이 가장 높은 10%(2007년 10분위 월평균 임금 888만 원)와 가장 낮은 10%(1분위 월평균 임금 98만 원)로 두 사람의 소득 격차는 2001년 8.8배에서 2007년 9.0배로 약간 더 벌어졌다. 그런데 두 사람의 부동산 자산 격차는 2001년에 12.7배에서 6년 만에 47.9배로 벌어져 살아생전에는 좁히기 어려운 거리가 돼버렸다.

한 가지만 더 예를 들어 보자. 같은 ㅌ산업 입사 동기생인 P 차장(41세)과 J 차장(42세)은 연봉도 5,200만 원으로 엇비슷하다. 두 사람은 2001년에 똑같이 33평형 아파트를 분양받았다. P 차장은 2억 7,000만 원에 경기도 성남시 정자동 분당파크뷰를, J 차장은 2억 4,000만 원에 서울시 강동구 길동 강동 LG자이를 각각 분양받아 회사 동료들과 돌아가며 집들이까지 했다. 그런데 6년 새 분당파크뷰는 11억까지 올라간 반면(국토해양부 2006년 4월 실거래가), 강동 LG자이는 6억 2,000만 원(2006년 12월 실거래가)에 머물렀다.

두 사람의 소득 격차는 없지만, 자산 격차는 두 배 가까이 벌어진 것이다. 똑같은 월급 받고 비슷한 돈을 주고 똑같은 평형의 아파트를 샀는데 P 차장은 J 차장보다 무려 5억이나 재산이 많은 '다른 계급'이 돼 버린 것이다. 같은 회사 안에서 6년 동안 이 네 사람의 운명을 가른 것은 소득과 부동산의 차이였지만, 결정적인 것은 부동산이었다.

– 손낙구, 『부동산 계급사회』, 202~203쪽, 후마니타스, 2008.

위 사례에 나오는 비정규직 여성 노동자 L씨는 임원 K씨의 9분의 1 수준의 저임금에 시달리다 보니, 저축은커녕 전셋값이 계속 올라 한 달 평균 23만 원의 적자가 나고 있었습니다. 반면에 임원 K씨가 7억으로 시작한 부동산 자산을 33억까지 불릴 수 있었던 것은 1년에 4,000만 원 가깝게 저축할 수 있는 고소득자였기 때문입니다. 그리고 무엇보다도, 아파트 값이 폭등했기 때문입니다. 소득보다 자산, 특히 부동산 자산이 부자와 가난한 자의 격차를 벌리는 데 핵심적인 구실을 한다는 사실은 소득 차이가 없는 P 차장과 J 차장의 경우에서 극명하게 드러납니다.

세계 1위의 이사 자주 다니는 국민

태어나서 이사를 몇 번이나 다녔을까 생각해 보면 손가락이 여럿 접힙니다.

이 글을 쓰는 이 순간에도 밖에서는 이삿짐이 들고 납니다. 사다리차가 올라갔다 내려갔다 하는 소리가 요란합니다. '낯선 사람'끼리 사는 동네에 어떤 '낯선 사람'이 가고 또 다른 '낯선 사람'이 이사 오는구나 하는 생각이 듭니다. 왜 낯선 사람이냐고요? 사귈 새도 없이 서먹한 사이로 살다가 다른 곳으로 이사를 가니까 낯선 것이죠.

통계청이 매년 조사하는 국내 인구 이동 통계를 보면 2003년부터 2012년까지 10년 동안 8,645만 명이, 살던 동네를 떠나 다른 곳으로 이동했습니다. 그동안 전체 평균 인구 수가 4,700~4,800만인 걸 생각하면 10년 동안 대한민국 모든 국민이 두 번씩 동네를 옮긴 셈이니, 5년에 한 번씩은

이웃 사람이 다 바뀐 것이죠. 또 한 해 평균 전체 국민의 17.6%가 이동한 것인데요, 이는 일본(4.5%)에 비해 4배가 넘고 미국(13.3%)에 비해서도 1.3배나 자주 이동한 것입니다. 물론 4,800만 국민이 한 사람도 예외 없이 다 두 번씩 다른 동네로 이동한 것은 아닙니다. 예를 들면 우리나라 전체 가구 가운데 27%는 현재 사는 집에 10년 넘게 살고 있습니다. 반면 31%는 2년에 한 번씩 이동했고 이들을 포함한 52%는 5년에 한 번씩 이동했습니다. 국민 가운데 일부는 10년 넘게 한집에서 살고 있지만, 대다수는 10년 사이에 최고 다섯 번까지 옮겨 다닌 것이죠.

살던 동네를 떠나 다른 곳으로 이사하는 이유는 사람마다 제각각입니다. 어떤 이는 적당한 집을 찾아서, 어떤 이는 직장이나 자녀 교육 때문에 이사하겠지요. 그런데 이 가운데 집 때문에 동네를 옮기는 사람이 가장 많습니다. 집을 소유한 사람에 비해 셋방 사는 사람이 더 자주 이사 다니는 걸 보면 잘 알 수 있습니다.

집을 소유한 가구 가운데는 5년에 한 번 이삿짐을 싸는 가구가 37%이지만, 셋방 사는 가구 중에는 77%에 달합니다. 특히 셋방 사는 가구 중 53%는 최소한 2년에 한 번씩은 이사를 다니고 있습니다(2010년 기준).

집값만이 아니라 전월세 가격도 많이 오르는 데다 전월세 계약 기간이 2년으로 제한돼 있는 점이 이사를 자주 다니게 하는 원인이 되고 있습니다.

우리나라에서 매달 집값이나 전세 가격이 얼마나 오르고 내리는가를 조사하기 시작한 게 1986년 1월부터입니다. 그 후 2013년 7월까지 27년 6개월 동안 집값은 154%가 오른 반면 전셋값은 390%로 갑절 넘게 더 올랐습니다.

이처럼 해가 갈수록 전세 가격이 크게 오르니 당연히 집주인은 계약 기간이 끝나면 전세금을 더 올려 달라고 합니다. 만약 올려 주지 못할 거면 방을 비우라고 하죠. 쉽게 말해서 "방값 올려 낼래? 아니면 방 뺄래?" 이렇게 묻는 겁니다.

물론 계약 기간 동안은 올릴 수가 없습니다. 그러나 주택임대차보호법에 따라 보호받을 수 있는 전월세 계약 기간은 2년밖에 안 됩니다. 선진국의 경우 아무리 짧아도 10년은 한집에서 살 수 있게 한 것과 비교해 보면 짧아도 너무 짧습니다.

셋방 사는 사람만큼은 아니라도 집을 소유한 사람도 이사가 잦은 것은 역시 부동산 문제와 관련이 높습니다. 신도시가 들어서거나 재개발로 이사를 가야 하는 경우도 있습니다. 또 동네마다 집값 오르는 폭이 다르니까 좀 더 많이 오르는 동네로 옮기려 합니다. 살던 동네의 집값이 떨어질 가능성이 있으면 하루라도 빨리 집을 팔려고 합니다. 그러니 집이 있더라도 이사 다니는 사람이 많은 것입니다.

이제 '우리 동네'는 없다

과거 역사를 거슬러 올라가면 유목민들은 이곳저곳 옮겨 다니면서 산 반면, 한반도처럼 주로 농사를 짓고 먹고살았던 사람들은 한곳에 정착해 살았습니다. 그런데 현대에 와서 부동산 문제가 꼬인 탓에 유목민처럼 떠돌며 살고 있는 것입니다.

이사 다니며 사는 삶은 무척 고달픕니다. 특히 집이 없어 2년에 한 번씩 이삿짐을 싸야 하는 사람들은 이사철만 되면 스트레스가 이만저만이 아닙니다. 방 구하러 다녀야 하죠, 이삿날 맞춰야 하죠, 규모에 맞춰 살림살이도 줄여야죠, 주소도 옮기고 아이들 유치원과 학교도 옮겨야 합니다. 이사 간 동네에서 모든 일에 처음부터 다시 적응해야 합니다.

동물이나 식물도 환경이 바뀌면 탈이 나지 않습니까? 한곳에 뿌리내리고 살지 못하니 뿌리 뽑힌 삶이라 하겠지요. 하늘을 나는 새도 둥지가 있고 풀잎 사이를 기어다니는 달팽이도 제 집을 갖고 살지 않습니까? 그런데 만물의 영장인 인간이 집이 없어 바람처럼 뜬구름처럼 시도 때도 없이 떠돌며 살아야 하는 현실은 반드시 바로잡아야 합니다.

집이 없어, 설령 집이 있다 하더라도 이사가 너무 잦으니까, 동네 이웃

간에 정이 쌓일 틈이 없습니다. 아예 누가 사는지 관심이 없는 경우도 많습니다. 그러다 보니 모두가 '이방인'입니다. 동네 공동체도 형성되지 않고, 더 나은 삶을 위해 지역 사회가 어떻게 발전해야 하는지에 대해서도 관심이 떨어질 수밖에 없습니다.

국회의원을 뽑는 총선이나 지방 의원 또는 지방 자치 단체장을 뽑는 지방 선거는 대부분 지역 사회의 발전 문제가 중요한 공약으로 제시됩니다. 그러나 상대적으로 이사를 많이 다니는 셋방 가구가 많은 동네일수록 투표하지 않는 사람이 많습니다.

전국 3,537개 읍면동을 셋방 사는 가구 비율을 기준으로 다섯 묶음으로 나눠 투표율을 조사해 봤습니다. 그 결과 셋방에 사는 가구 비율이 가장 높은 첫 번째 묶음에서 투표율이 57%로 가장 낮았습니다. 두 번째에서 네 번째 묶음까지의 투표율은 59% → 60% → 63%로 셋방 가구 비율이 낮아질수록 차츰 높아졌습니다. 또 셋방 가구 비율이 가장 낮은 다섯 번째 묶음의 투표율은 65%로 가장 높았습니다(2004년 총선 기준, 자료: 중앙선거관리위원회).

반대로 투표율을 기준으로 다섯 묶음으로 나눠 셋방 가구 비율을 조사해도 마찬가지였습니다. 투표율이 가장 낮은 첫 번째 묶음에서 셋방 사는 가구 비율이 49%로 가장 높았습니다. 두 번째에서 네 번째 묶음까지의 셋방 가구 비율은 44% → 40% → 34%로 투표율이 높아질수록 낮아졌습니다. 마지막으로 투표율이 가장 높은 다섯 번째 묶음의 셋방 가구 비율은 24%로 가장 낮았습니다(2004년 총선 기준).

이처럼 한동네에 좀 더 오래 머물러 사는 주택 소유자가 많은 동네는 투표를 상대적으로 많이 하지만, 여기저기 떠돌며 사는 셋방 사는 사람이 많은 동네는 투표를 적게 하는 것입니다. 우리나라 선거의 투표율은 지난 20여 년 동안 계속 떨어져 정치가 국민을 제대로 대표하는 데 어려움을 겪는 민주주의의 위기를 맞고 있습니다. 이 같은 현상이 부동산 문제와도 깊은 관련이 있는 것입니다.

부동산 투기를 부추긴 은행

서민들에게는 은행 문턱이 높다는 말이 있습니다. 급하게 몇백만 원이 필요해 찾아가면 자격이 되지 않는다며 빌려 주지 않거나, 온갖 서류를 요구하며 까다롭게 굽니다. 오죽하면 서민이 은행에서 돈 빌리려면 신발 밑창이 다 닳는다는 말이 나오겠습니까.

그런데 이런 은행이 유행하는 말로 "묻지도 않고 따지지도 않고" 덥석덥석 뭉칫돈을 빌려 주는 게 있으니 바로 '부동산 담보 대출'입니다. 부동산 담보 대출이란 은행에 부동산을 맡기고 돈을 빌리는 걸 말합니다. 만약 갚지 못하면 은행이 부동산을 처분해 빚을 회수하게 됩니다. 요즘 은행에서 가정에 빌려 주는 돈 중 가장 큰 액수를 차지합니다.

심지어 몇 년 전에는 은행이 소득이 한푼도 없는 미성년자 876명에게 1인당 4,000만 원 이상씩 363억 원을 빌려 줘 문제가 된 적이 있습니다. 미성년자지만 이들 명의인 집을 담보로 대출해 준 것입니다.

시중 은행들은 지난 1998년 외환 위기 직후부터 영업 방향을 부동산

담보 대출 쪽으로 옮겨 부동산 가격이 비싼 동네에 은행 점포 수를 집중
적으로 늘렸습니다. 서울의 경우 2004년 당시 강남구와 관악구의 인구
수는 각각 53만여 명으로 비슷했는데, 아파트 값이 비싼 강남에는 은행
지점이 335개나 몰렸지만, 아파트 값이 싼 관악구에는 59개밖에 되지 않
았습니다.

이는 시중 은행 여덟 곳 중 우리은행 한 곳을 뺀 일곱 곳이 사실상 외
국인 소유가 된 사실과 관련이 있습니다. 한국 정부의 정책 방향이나 한
국 국민의 사정은 아랑곳하지 않고 외국인 대주주들에게 배당금을 많
이 줄 수 있는 '돈 되는 일' 중심으로 영업하게 된 것입니다.

그 결과 부동산이 없는 서민들은 은행 돈 빌리기가 "하늘의 별 따기"만
큼 어렵게 됐습니다. 반면 부동산 재산이 많은 사람은 집을 담보로 돈을
빌려 그 돈으로 다시 집을 사는 방식으로 투기 자금을 마련해 왔습니다.

은행이 부동산을 담보로 돈을 빌려주는 데 정신이 팔린 사이, 중소기
업들은 기술을 개발할 자금을 구하기가 어려워져 경제에도 좋지 않은
영향을 끼쳤습니다. 또 은행이 부동산을 담보로 빌려 준 돈이 고스란히
투기 시장으로 흘러가 집값, 땅값을 크게 올리는 데 사용됐습니다.

부동산 가격에 따라 차이 나는 삶의 질

구청이나 시청, 군청 등 기초 자치 단체는 주민들에게 거둔 세금으로
살림을 꾸려 갑니다. 이때 걷는 세금을 지방세라고 하죠. 그런데 지방세
중 가장 많은 액수를 차지하는 게 부동산과 관련된 세금입니다. 부동산

을 가진 사람이 내는 재산세, 부동산을 사고팔 때 내는 취득세나 등록세가 그것이죠. 이 중 액수가 가장 큰 게 재산세인데요, 서울 25개 구청의 1년 지방세 중 80% 이상이 재산세일 정도로 지방세는 사실상 재산세라고 할 정도입니다.

재산세는 집, 땅, 빌딩을 소유한 사람이나 기업 등에 매기는 세금이기 때문에 당연히 비싼 부동산이 많은 곳일수록 구청 살림도 풍족합니다. 반대로 부동산 가격이 싼 지역의 살림은 쪼들릴 수밖에 없습니다. 2007년의 경우 재산세를 가장 많이 거둔 강남구와 가장 적게 거둔 강북구의 재산세 수입은 13배나 차이가 났습니다. 이 같은 지나친 불균형을 해소하기 위해 2008년부터는 재산세 공동 과세 제도를 도입해 형편이 어려운 구청에 세금을 나눠 주고 있습니다만, 여전히 5배의 차이가 나고 있습니다.

들어오는 돈이 많으면 쓸 수 있는 돈도 많고, 반대로 수입이 적으면 꼭 써야 할 돈도 아낄 수밖에 없습니다. 예를 들어 구청이 학교에 지원하는 지원금을 보면 강북구는 강남구의 3분의 1 수준에 불과합니다(2008 회계 연도 기준). 둘째 아이를 낳았을 때 지원하는 출산 지원금 역시 강남구는 100만 원인 데 비해 강북구는 30만 원에 그칩니다(2010년 기준). 이 같은 일은 서울뿐 아니라 전국에서 비슷하게 벌어지고 있고, 동네마다 삶의 질을 다르게 만드는 요인이 되고 있습니다.

물론 지방 자치 단체의 살림 형편뿐 아니라 각 가정의 살림이 어느 정도 여유가 있느냐 하는 것도 그 동네 사람들의 삶의 수준을 다르게 하는 요인이 됩니다. 가정의 살림살이는 쉽게 말해서 수입이 1년에 어느 정도 되느냐를 보면 알 수 있겠지요. 그런데 아파트를 비롯한 부동산 가격이 크게 오를 때는 직장을 다니거나 장사를 해서 얻는 소득 이상으로 부동산 가격 상승으로 생긴 수입이 많은 비중을 차지합니다.

예를 들면 서울 강남구에 아파트를 소유한 사람은 2000년 이후 약 5년간 아파트 한 채당 매년 평균 8,000만 원씩 4억 원의 수입을 올렸습니다. 반면 강북구의 아파트 값 상승액은 5년간 5,000만 원에 그쳤습니다. 무려 8배 차이가 난 것입니다. 한편 강남구에서 직장에 다니거나 장사를 해서 1년간 버는 소득은 가구당 3,684만 원으로 강북구(2,628만 원)의 1.4배 수준입니다(2006년 기준). 장사 또는 직장 생활보다 아파트 가격에서 살림의 형편이 훨씬 많이 벌어진 것이지요.

이 같은 가정 형편의 차이는 생활의 수준을 다르게 하고 있습니다. 예를 들면 강남구에 사는 사람 중 3분의 1만 수돗물을 식수로 쓰고 3분의 2는 생수를 사먹거나 정수기를 이용합니다. 반면 강북구는 절반이 수돗물을 식수로 사용합니다. 수돗물을 식수로 사용할 때 꺼림칙한 거야 누구나 마찬가지겠지만 형편이 어려울수록 따지기가 어렵겠지요(2006년 기준). 자식들 사교육비도 강북에 비해 강남이 2배나 많고 이 같은 차이는 상위권 대학 진학률의 차이로 이어지고 있습니다(2005년 기준). 사망 위험 역시 강북구에 사람 사는 사람이 강남구보다 훨씬 더 높게 나타났습니다. 형편이 어렵고 사는 게 힘들다 보니 그만큼 건강을 돌보기가 어려운 것이지요.

한국 경제 갉아먹는 부동산 문제

부동산 문제가 경제에 미치는 영향도 중요합니다. 경제는 수출 경제와 내수 경제로 나뉩니다. 외국에 한국 상품을 많이 수출할수록 보탬이 되는 게 수출 경제인데, 그러자면 외국 상품과의 경쟁에서 우위를 차지해야 합니다. 품질이 같다면 가격이 더 쌀수록, 가격이 같다면 품질이 더 좋을수록 유리합니다. 특히 비슷한 기술 수준의 나라끼리는 조금이라도 싼 가격이 중요하기 때문에, 기업과 정부는 수출 상품의 가격을 낮추려고 노력하죠.

공장에서 상품을 만들면 배나 비행기로 실어 나르는데, 항구나 공항까지 이동하는 데 들어가는 비용을 최대한 줄이는 것도 수출 상품의 가격을 낮추는 데 매우 중요합니다. 이를 물류비라 합니다. 물류비를 낮추려면 고속도로나 철도 등 사회 간접 자본이 확충돼야 합니다.

그런데 우리나라는 땅값이 너무 올라 이게 쉽지 않다는 데 문제가 있습니다. 1970년 서울에서 부산까지 경부고속도로를 건설할 때 1km²당 토지 보상비는 100만 원이 들었습니다. 그런데 14년 뒤인 1984년 88올림픽고속도로(담양~대구)를 낼 때는 그 12배인 1,200만 원으로 뛰었습니다. 또 31년 뒤인 2001년 경기도 하남~호법 간 제2중부고속도로를 낼 때는 167배인 1억 7,000만 원으로 폭등했습니다. 무조건 도로를 뚫는 게 능사는 아니지만, 물류비 절약같이 꼭 필요한 이유로 고속도로를 건설하려해도 땅값 때문에 쉽지 않고, 그만큼 수출 경제에 불리한 것이죠.

비싼 부동산 가격은 물류비만 높이는 게 아닙니다. 상품의 원가에는 인건비와 공장을 유지하는 데 필요한 땅의 사용료도 포함됩니다. 그런데 집값이 계속 오르면 직장인들의 주거비도 오르기 때문에 당연히 인건비도 오를 수밖에 없습니다. 주거비가 오르는데도 월급을 정당하게 올려주지 않으면 노사 간에 갈등이 커져 파업이 자주 일어날 수밖에 없게 되겠지요.

땅값이 비싸기 때문에 공장 부지를 마련하거나 임대하는 데 드는 비용도 당연히 많이 듭니다. 우리나라 중소기업이 한국을 떠나 중국이나 동남아시아로 옮겨감으로써 발생하는 현상을 '산업 공동화'라고 합니다. 우리나라 공장 부지가 중국보다 무려 40배나 비싸다는 사실을 생각하면 비싼 땅값이 이러한 현상의 주요 원인 중 하나라 하겠습니다.

수출 경제와 달리 내수 경제는 국내 수요에 의해 움직입니다. 우리나라는 수출 경제 의존도가 높지만 수출의 열매는 주로 대기업에 돌아가기 때문에 일반 국민에게는 내수 경제가 더 중요합니다. 내수 경제는 민간의 소비가 활발해야 잘 돌아갑니다. 소비의 주역은 소득이 높은 중상류층입니다. 이들이 외식을 자주 해야 식당 주인도 돈을 벌고, 식당 주인이 옷을 자주 사야 옷가게 주인도 먹고살고 하는 식이죠.

그런데 집값이 너무 비싸면 소득을 대부분 집 사는 데 쓰기 때문에 소비가 줄게 됩니다. 집을 사도 빚을 지기 때문에 이 빚을 갚느라 외식도 줄이고 옷도 덜 사 입는 등 소비를 줄이게 됩니다.

수도권 아파트 값이 하루가 다르게 오르던 2004년의 경우 중산층이 번 돈의 3분의 1 가까이를 빚 갚는 데 쓰는 것으로 나타났습니다. 비싼 아파트를 사느라 빚을 너무 많이 짊어졌기 때문이죠. 그 결과 이들이 소비를 줄이게 됐고 식당이나 옷가게 할 것 없이 내수 경제가 바닥을 기게 되었습니다. 너무 비싼 집값이 내수 경제를 어렵게 한 것입니다.

부동산이 경제에 미친 영향 중에서 가장 큰 것은 건설업이 비대한 기형적인 산업 구조입니다. 우리나라는 2001년에서 2006년 사이 국내 총생산(GDP) 대비 건설 투자 비중이 18%로 주요 선진국의 2~3배에 달합니다.

건설업은 국가 경제를 운영하는 데 꼭 필요한 산업입니다. 하지만 경

제 발전 초기에 집을 짓고 도로를 내는 등 사회 간접 자본을 갖추고 나면 그 비중이 10% 이내로 낮아지는 게 각 나라의 공통적인 현상입니다. 건설업 비중이 우리나라에 비해 높은 나라는 적도기니, 투르크메니스탄, 부탄, 레소토, 에리트레아 등 10여 개 후진국에 불과한 점에서도 잘 알 수 있는 사실입니다.

건설업 비중이 높은 한국의 기형적인 산업 구조는 '토건 국가' 일본의 '잃어버린 10년'을 떠올리게 할 정도로 위험한 상태입니다. '토건(土建)'이란 토목과 건설을 합친 말로 '토건 국가'는 건설업에 지나치게 의존해 경제를 운영하는 나라를 가리킵니다.

일본은 정부 정책이나 대기업의 주력 산업이 지나치게 건설업에 집중되면서 경쟁에서 뒤처지다가 1990년대 초부터 부동산 가격이 크게 폭락

한 것을 계기로 10년 넘게 경기 침체를 겪어야 했습니다. 그래서 한국도 일본의 전철을 밟지 않을까 걱정하지 않을 수 없는 것입니다.

자연을 파괴하는 재개발·재건축

2009년에 서울시가 조사한 결과를 보면 우리나라 공동 주택의 평균 수명은 21년입니다(아파트 23년, 연립 주택 19년). 반면 영국은 141년에 달하고 미국 103년, 프랑스 86년, 독일 76년 등 대부분의 선진국에서는 70년이 넘습니다.

우리나라 건축물 수명이 짧은 데는 집을 지을 때 부실 공사를 한 탓도 있을 수 있습니다. 그러나 더 큰 이유는 재개발·재건축이 너무 빨리 이뤄지는 데다, 큰 규모로 이뤄지다 보니 지은 지 얼마 안 되는 멀쩡한 집까지도 철거하고 있기 때문입니다.

우리나라는 현재 '도시를 만들던' 시대를 지나 '도시를 고치는' 시대로 옮겨가고 있습니다. 본격적으로 산업화가 시작되고 인구가 도시로 집중한 지가 40년이 넘었기 때문입니다. 도시를 고치는 일은 재개발·재건축, 주거 환경 개선, 도시 개발, 뉴타운 등 여러 이름으로 진행되고 있고 이를 뒷받침하는 법도 매우 많습니다.

재개발은 필요 이상으로 환경을 파괴하는 부작용도 낳고 있습니다. 건물을 철거하면 쓰레기가 생기는데 이를 건설 폐기물이라 합니다. 건설 폐기물의 80%는 콘크리트와 아스팔트로, 이를 처리하려면 매년 서울 여의도만 한 매립지가 필요한 실정입니다.

건설 폐기물은 늘어나는데 버릴 곳은 부족하니 처리 비용이 올라갑니다. 그러다 보니 일부 건설업자들은 이 비용을 아끼려고 불법으로 몰래 버리면서 자연을 파괴하고 있습니다.

새로 짓는 집은 대부분 아파트입니다. 아파트를 지으려면 콘크리트가 필요하죠. 콘크리트는 산을 깎고 파헤쳐 얻은 석회석과 골재, 강과 바다에서 퍼 온 모래가 있어야 만들 수 있습니다. 아파트가 올라갈수록 산은 깎이고, 강과 바다도 상처를 입게 되는 것입니다.

멀쩡한 집을 헐고 그 위에 아파트를 지으면서 자연을 오염시키고 있는 것이죠. 환경을 보호하기 위해서라도 선진국처럼 집의 평균 수명을 늘려야 하고, 이를 위해서는 재건축·재개발 허가 기준을 현행 20~30년에서 최소 40년 이상으로 늘려야 합니다.

아파트가 처음 생긴 때는 언제인가요?

아파트는 한 채의 건물에 여러 세대가 살 수 있도록 지은 공동 주택을 말합니다. 현행 건축 관련 법에서는 5층 이상의 공동 주택을 아파트로 정의하고 있습니다. 여러 층으로 지으면 더 많은 사람이 살 수 있기 때문에, 아파트는 인구에 비해 땅이 부족한 도시에 많습니다.

아파트의 역사는 2,000년 전 고대 로마 시대의 4~5층 공동 주택으로 거슬러 올라갑니다. 엘리베이터와 난방 시설이 갖춰진 현재와 같은 아파트는 19세기에 등장했습니다. 산업 혁명 이후 영국에서 노동자들이 살 수 있도록 지은 공동 주택에서 시작된 것이죠. 당시 인구가 한꺼번에 도시로 집중돼서 노동자들이 살 만한 집이 없었습니다. 화장실이나 부엌도 없는 지하실에 살게 되고 동네에 전염병이 도는 등 어려움을 겪게 되자 이를 해결하기 위해 아파트를 지었던 것이지요.

영국에서 시작된 산업 혁명이 점차 유럽 대륙과 미국으로 번져 가자 도시로 몰려든 노동자들이 똑같은 어려움을 겪게 되었고, 그 해결책이었던 아파트는 프랑스, 독일, 미국 등으로 확산되었습니다. 이처럼 오늘날의 아파트는 산업 혁명과 자본주의 발생과 함께 등장했습니다. 가난한 도시 노동자들을 위한 주택에서 비롯된 것이지요.

우리나라에 아파트가 처음 등장한 건 일제 강점기인 1930년대 초 서울 충정로에 지은 4층짜리 유림아파트입니다. 이 아파트에는 80년이 지난 지금도 40여 세대가 살고 있습니다. 서울 혜화동의 4층 목조아파트, 서대문의 풍전아파트, 적선동의 내자아파트도 해방 전에 들어섰습니다. 해방 후에는 1957년경 서울 성북구 종암동에 4층짜리 4개 건물로 지은 종암아파트가 첫 아파트로 알려져 있습니다. 비슷한 시기에 행촌아파트, 중앙아파트, 행당동아파트도 지었습니다. 1964년에는 마포아파트를 지었고 1970년에는 와우아파트를 지었으나 와우아파트는 부실 공사로 석 달 만에 무너졌습니다. 아파트는 그저 '새로운 집'이라는 점에서 관심을 끌 정도였지, 그 수가 많지 않았고 지금처럼 수천 세대가 함께 사는 대규모 단지는 없었습니다.

이후 1970년대에는 새로 짓는 집의 70% 이상, 1980년대는 90% 이상이 아파트일 정도로 그 수가 많아졌습니다. 1990년대 들어서는 30층 이상 고층 아파트들이 들어서기 시작했고, 2000년대 중반을 지나면 60층이 넘는 초고층 아파트가 등장합니다.

1980년대 이후 우리나라의 아파트는 중산층 이상 형편이 나은 사람들이 사는 주택이었다는 점에서 서양과는 차이가 있습니다. 또 한국식 온돌을 도입하는 등 서양과는 다른 한국형 아파트로 자리 잡았습니다. 그 결과 지금은 우리나라 인구의 절반 이상이 살 정도로 아파트는 한국의 집을 대표하게 되었습니다.

아직도 서양에서는 아파트가 주로 가난한 사람들이 사는 집입니다. 물론 고급 아파트가 있긴 하지만 장기 투숙 호텔에 가깝기 때문에 일반적인 주택으로 보기는 어렵습니다. 그러나 한국에서는 중산층의 아파트로 출발해 부유층을 상징하는 초고층 아파트까지 세계 어느 나라에서도 보기 어려운 '국가 대표' 주택이 되었습니다.

우리나라에서 제일 높은 집은 몇 층이에요?

우리나라에서 제일 높은 건물이자 집은 부산시 해운대구에 있는 주상복합아파트 '해운대 두산위브더제니스'입니다. 이 아파트 101동은 지상 80층에 높이가 299m에 이릅니다. 서울 남산보다 37m 더 높습니다. 2010년까지는 서울시 강남구 도곡동에 있는 타워팰리스라는 아파트(69층, 264미터)가 가장 높은 건물이자 집이었지만 2012년 해운대 위브더제니스의 입주가 시작되면서 이를 앞질렀습니다. 해운대 두산위브더제니스는 101~103동 3개 동이 각각 80층, 75층, 70층으로 이뤄져 전국 고층 건축물 순위에서 1, 2, 4위를 차지하고 있습니다. 이 밖에 '해운대 아이파크' 2개 동도 각각 72층과 66층으로 10위 안에 들었습니다.

  수십 층이 넘는 아파트가 세워진 것은 불과 몇 년 되지 않습니다. 1972년 서울 영등포구 여의도동에 12층짜리 시범아파트가 들어설 때만 해도 당시로써는 가장 높은 아파트였고, 1980년대까지만 해도 아파트는 30층을 넘지 못했습니다. 건물이, 특히 집이 높지 않았던 1970년대에는 관련 법에 3층 이상의 공동주택을 아파트로 규정했습니다. 주택 층수가 차츰 올라가자 1980년대에는 4층 이상으로 법이 바뀌었고, 1990년부터 현재와 같이 20세대 이상이 함께 사는 5층 이상의 공동주택만 아파트로 규정하게 되었습니다.
아파트는 고대 로마 시대에도 있었고, 근대 역사에서는 영국에서 처음 지었지만, 현재 가

장 높은 아파트는 다른 나라에 있습니다. 세계에서 가장 높은 집은 두바이에 있는 부르
즈 할리파(Burj Khalifa)라는 이름을 가진 아파트 겸 호텔입니다. 2010년 1월에 들어섰
고 162층에 높이가 무려 818미터입니다. 40층에서 108층 사이가 아파트고 나머지 층
은 호텔과 사무실이랍니다. 두 번째로 높은 집은 호주 퀸즐랜드 주의 골드코스트(Gold
Coast)에 있는 Q1이란 이름을 가진 아파트인데 78층에 높이는 323미터입니다.

우리나라에서 집을 가장 많이 가진 사람은 2005년 기준으로 혼자서 1,083채를 소유하고 있습니다. 2위는 819채, 3위는 577채입니다. 최고 집 부자 10명이 가진 집이 5,508채니까 한 사람당 평균 550채를 가진 셈입니다.

7. 현대판 '아흔아홉 칸 양반집'을 찾아서

그 집 담장을 보면 신분이 보인다

예전에는 부자들이 사는 집을 '고래 등 같은 기와집' 또는 '아흔아홉 칸 양반집'이라 불렀습니다. 반면에 가난한 사람들이 사는 집은 '초가삼간'이라 했습니다. 왜 이런 말이 나왔을까요?

초가집은 볏짚으로 지붕을 올린 집입니다. 예전에는 벼농사를 많이 지었기 때문에 재료를 쉽게 구할 수 있다는 장점이 있었지만, 내구성이 약해 오래 유지가 안 되고 벌레가 볏짚을 갉아먹어 비가 샌다는 단점이 있었습니다. 실제로 가을에 추수한 후 남은 볏짚으로 새로 지붕을 이으면 그해 겨울과 봄까지는 그런대로 견디지만 여름에 장마가 지거나 가을비라도 내리면 천장에서 빗물이 줄줄 샜습니다. 그러니 1년 또는 아무리 길어도 2년에 한 번씩은 지붕을 갈아야 했습니다.

반면 기와집은 웬만해선 비가 새는 일이 없을 뿐 아니라 튼튼해서 오래 사용할 수 있었습니다. 기와는 흙으로 모양을 빚어 가마에 구워 만든 것인데, 비싸서 일반 백성들은 엄두를 내기 어려웠고 주로 벼슬아치와 부자 양반들만 쓸 수 있었습니다.

특히 빗물이 새는 초가집과 달리 기와집은 비가 오면 새기는커녕 평소보다 훨씬 더 멋져 보였습니다. 짙은 회색의 기와들이 비에 젖어 고급스러운 검은색으로 변하면서 반질반질하게 윤이 나기 시작하는데, 그 모습이 마치 수면 위로 떠오른 고래의 등과 비슷해 보였다고 합니다.

'고래 등 같은 기와집'이 좋은 재료로 지은 멋있는 부잣집을 가리킨다면, '아흔아홉 칸 양반집'*은 그 집이 얼마나 큰지를 말해 줍니다. 요즘은 주택의 면적을 표시하는 단위가 제곱미터(m²)이고, 얼마 전까지는 평(坪)이라는 단위를 사용하기도 했습니다.

조선 시대에는 집의 면적을 '칸'으로 표시했고 이를 한자로는 '간(間)'이라 썼습니다. 한 칸은 가로 세로가 각각 2.4m로 5.76m²에 해당합니다. '단칸방'이란 말 들어 보셨죠? 한 칸짜리 아주 작은 방이란 뜻입니다.

'아흔아홉 칸 집'은 약 570m²로 172평쯤 됩니다. 79m²(24평형) 아파트는 방 3개에 거실과 부엌 그리고 화장실을 각각 하나씩 갖추고 있는데,

---

* 아흔아홉 칸 양반집에 대한 이야기는 『우리가 살아온 집 우리가 살아갈 집』 등 서윤영 선생님이 쓰신 책들을 참고했습니다.

570m²(172평형)이면 이보다 7배나 더 넓은 집이니 무척 으리으리한 집이었던 셈이죠.

가난한 사람들이 살았던 '초가삼간'은 '초가집 세 칸' 즉, 세 칸짜리 초가집을 가리킵니다. 보통 한 칸짜리 방, 한 칸짜리 마루, 한 칸짜리 부엌으로 이뤄진 집이었습니다. 아흔아홉 칸 양반 집에 비해 33분의 1밖에 안 되는 좁은 집인 데다, 큰비가 오면 빗물이 샐 위험성이 있는 집이었던 셈이죠.

하지만 신분이 높거나 재산이 많다고 해서 아무나 '고래 등 같은 아흔아홉 칸 집'을 짓고 살 수는 없었습니다. 무슨 말이냐고요? 나라에서 신분과 벼슬에 따라 지을 수 있는 집의 크기는 물론 건축 자재, 담장과 대문의 모양, 실내 장식까지 정했기 때문입니다.

우리가 잘 알고 있듯이 신라는 골품 제도로 운영되는 엄격한 신분제 사회였죠. 골품제는 성골과 진골 그리고 6두품에서 1두품까지 8개 신분 층으로 구성되어 있습니다. 그런데 왕이 될 수 있는 성골을 제외한 진골, 6두품, 5두품, 그리고 4두품 이하 백성들은 신분에 따라 지을 수 있는 집이 달랐습니다. 집, 대문, 담장, 심지어 마구간의 면적과 높이 그리고 건축 재료와 실내 장식도 다 달랐습니다.

예를 들면 신분이 가장 높은 진골은 8자 이상의 담장을 칠 수 있지만, 6두품은 8자, 5두품은 7자, 그리고 4두품 이하 백성은 6자 이내로 제한됐습니다. 따라서 그 집 담장 높이만 보아도 그 집 주인의 신분이 높은지 낮은지를 한눈에 알 수 있었던 것이죠.

조선 시대에도 신분과 벼슬에 따라 집을 지을 수 있는 땅의 면적과 집의 크기, 심지어 묘역의 넓이도 다르게 했습니다. 그러니 얼마나 큰 집에 살며, 죽어서 어떤 묘지에 묻히느냐만 보면 그 사람과 집안의 사회적 지위를 알 수 있었죠. 조선 시대의 헌법이라 할 수 있는 『경국대전』을 보면 신분과 벼슬의 높고 낮음에 따라 집의 크기가 어떻게 다른지 자세히 나타나 있습니다.

이에 따르면 대군의 집은 60칸, 왕자나 공주의 집은 50칸, 옹주나 종친 및 2품 이상 문무관은 40칸, 3품 이하는 30칸 그리고 서인 즉 일반 백성은 10칸 이내로 지을 수 있었습니다. 현재의 단위로 계산해 보면 대군의 집이 346m²(105평), 공주의 집이 288m²(87평), 2품 이상 230m²(70평), 3품 이상 173m²(52평) 그리고 일반 백성은 58m²(17평)입니다. 나중에는 기둥의 높이와 마루의 방 비율까지 정했습니다.

조선 시대에도 신라와 마찬가지로 왕이 사는 대궐은 여기서 제외되었는데요, 나머지 사람들은 집의 크기만 보면 거기에 사는 사람의 신분을 훤히 알 수 있었던 것이죠.

그런데 한 가지 이상한 점이 있습니다. 조선 시대의 헌법인 『경국대전』에 따르면 아무리 큰 집이라도 60칸까지밖에 지을 수 없는데 어떻게 '아흔아홉 칸 양반집'이 가능했을까요? 그 비밀은 아흔아홉 칸 양반집이 '불법 건축물'이라는 데 있습니다.

예나 지금이나 힘없는 백성들은 법을 잘 지켜야 하고 만약 어기면 엄한 처벌을 받습니다. 반면 돈 많고 벼슬 높은 사람들일수록 법을 잘 지키지 않거나 교묘히 법망을 빠져나가고 만약 어기더라도 솜방망이 처벌 밖에 받지 않습니다. 실제로 불법 호화 주택을 적발할 책임이 있는 한성부가 높은 벼슬아치의 큰 집은 단속하지 못하고 작은 집만 잡는다고 비난받기까지 했습니다.

현재 100평이 넘는 아파트(전용 면적 74평)는 고급 호화 주택으로 분류돼 집을 사고팔 때 세금을 더 내야 합니다. 일반 사람들이야 100평이나 되는 아파트에 살 일이 없지만, 부유층들은 이것도 좁은지 더 넓은 아파트를 찾습니다. 그런데 세금을 안 내려고 바로 옆 32평 아파트를 산 뒤 벽을 터서 130평이 넘는, 운동장만 한 아파트에 산다고 합니다.

조선 시대에도 마찬가지 방법을 사용했습니다. 60칸이 안 되게 지은 다음, 옆집을 사들여 담을 헐고 한 집으로 사용한 것이지요. 또 집의 칸수를 헤아릴 때 외양간이나 부엌, 광, 행랑간 등 본채가 아닌 딸린 건물을 제외하는 방법도 동원했습니다.

일반 백성이야 법을 어기고 더 큰 집을 짓고 싶어도 가진 재산이 없어 그럴 수 없었지만, 벼슬이 높고 부유한 양반들은 온갖 방법을 다 짜내어 '불법 호화 주택'을 짓고 살았던 것입니다.

신분제는 근대 사회에 가까워질수록 불합리한 제도임이 드러나게 됩니다. 신분이란 자신이 노력해서 바꿀 수 없는 것입니다. 양반 집에 태어나면 놀고먹어도 죽을 때까지 양반이고, 상놈 집 자식은 아무리 공부를 잘해도 과거 시험조차 볼 수 없는 게 신분제였으니 백성들 원성이 하늘을 찔렀습니다. 조선 후기가 되면 양반의 상징인 족보를 백성 대다수가 사들여 양반 아닌 사람이 드물어지면서 신분제가 사실상 무너지게 되었습니다.

결국 100여 년 전에 신분제는 없어졌고, 신분에 따라 집의 크기를 제한하는 제도도 사라졌습니다. 그렇다면 한쪽은 고래 등 같은 기와집이나 아흔아홉 칸짜리 집을 짓고 떵떵거리며 살고, 다른 한쪽은 비좁은 초가삼간에서 힘겹게 사는 일도 함께 없어졌을까요?

당연히 그렇지 않죠. 신분제는 현대판 아흔아홉 칸 양반집, 현대판 초가삼간에서 또 다른 모습으로 살아 있습니다. 그 모습을 지금부터 살펴보겠습니다.

현대판 '아흔아홉 칸 양반집'을 찾아서

앞에서 정부가 매년 4월 말까지 세금을 매기기 위해 공동 주택(아파트, 연립 주택, 다세대 주택)과 단독 주택으로 나눠 집값을 발표하는 데 이를 공시 가격이라 한다는 걸 살펴봤습니다.

정부가 2013년 4월에 발표한 주택 공시 가격을 보면 우리나라에서 가장 비싼 단독 주택과 공동 주택을 알 수 있는데요, 단독 주택은 130억 원, 공동 주택은 54억 원이 각각 최고가입니다.

집 한 채 가격이 어마어마한데요, 도대체 어떤 집이기에 이렇게 비쌀까요? 서울 용산구 이태원동에 있는 130억 원짜리 단독 주택은 삼성 이건희 회장이 사는 집인데요, 보안이 철통 같아서 어떤 집인지 구조를 알기가 어렵습니다.

2005년에 한 월간지가 취재해 보도한 데 따르면 집 안에는 네 개 동의 건물이 있고 4미터 높이의 담장으로 둘러싸여 있는데 담장 길이만 300미터에 달합니다. 주차장 출입구만 5개로 45대의 차량을 주차할 수 있고, 건물 안에 자체 발전기와 굴뚝, 냉각탑을 갖추고 있습니다. 또 50미터 거리에 있는 승지원이라는 집무실까지 지하로 연결된 것으로 알려져 있습니다.

또 '이건희 타운'으로 불리는 저택과 승지원 일대 공사에는 미국 마이크로소프트사 빌 게이츠 회장 저택보다 더 많은 돈이 들어갔으며, 승지원 기와 공사는 150년도 버틸 수 있는 일본식 공법을 응용했다고 알려져 있습니다.

그런데 130억 원이란 공시 가격은 단지 세금을 매기기 위해 정부가 발표한 것이지, 실제 집값과는 거리가 멉니다. 또한 집을 지은 2005년부터 이건희 회장이 줄곧 살고 있기 때문에 실제 사고파는 거래 가격은 알 수가 없습니다.

가장 비싼 단독 주택

순위	소재지	2013년 공시 가격(원)	소유주
1	서울 용산구 이태원동	130억	이건희 삼성전자 회장
2	서울 강남구 삼성동	104억	이건희 삼성전자 회장
3	서울 용산구 이태원동	102억	이건희 삼성전자 회장
4	서울 용산구 한남동	96억 2,000만	이명희 신세계 회장
5	서울 중구 장충동1가	92억 1,000만	이건희 삼성전자 회장

자료: 국토교통부, 2013년.

가장 비싼 공동 주택

순위	소재지	이름	전용면적(㎡)	2013년 공시 가격(원)
1	서울 서초구 서초동	트라움하우스5	274	54억 4,000만
2	서울 강남구 청담동	상지리츠빌카일룸3차	266	42억 7,000만
3	부산 해운대구 우동	해운대 아이파크	286	41억 4,000만
4	서울 서초구 서초동	트라움하우스3	274	40억 8,000만
5	서울 강남구 삼성동	삼성동 상지리츠빌카일룸	273	40억 8,000만

자료: 국토교통부, 2013년.

정부가 발표하는 공시 가격이 실제 집값과 얼마나 거리가 먼가는 가장 비싼 공동 주택 트라움하우스5를 보면 잘 알 수 있습니다.

트라움하우스는 독일어로 '꿈의 집'이란 뜻인데요, 정부는 트라움하우스5를 54억 원이라고 발표했습니다. 그러나 〈이데일리〉라는 언론에서 2009년 5월 6일 보도한 데 따르면 현재 이 집에 살고 있는 T 건설사 회장 최 모 씨가 2년 전에 무려 121억 원을 주고 산 것으로 알려져 있습니다.

트라움하우스5는 4층이기 때문에 법적으로 연립 주택인데요, 도대체 내부가 어떻기에 집 한 채에 120억 원이 넘는 걸까요. 트라움하우스5 역시 부자들만 사는 최고급 빌라인 탓에 베일에 싸여 있고 언론 보도를 통해 일부 모습만 알려져 있습니다. 좀 긴 글이지만 부자들은 어떻게 사는지 알 수 있으니 한번 읽어 보죠.

최고가에 걸맞게 트라움하우스 내부를 알면 입이 쩍 벌어진다. 독일어로 '꿈의 집'이란 의미의 트라움하우스의 가장 큰 특징은 뭐니뭐니해도 넓은 주거 공간과 내부 시설. 594㎡(180평)의 경우 방만 8개에 화장실이 4개, 주방과 화장실이 별도

로 갖춰져 있는 방도 여럿 있다. (중략)

하지만 트라움하우스만의 가장 큰 혜택을 꼽으라면 단연 핵폭탄의 위험으로부터도 보호받을 수 있는 '안전성'이다. 지하 4층에 위치한 핵 대피 시설을 보면 강화 콘크리트를 덧바른 1t이 넘는 무게의 출입문(방폭문)부터가 심상치 않다. (중략) 2개의 방폭문을 지나면 핵 피해 시 방사능 오염으로부터 보호받을 수 있는 벙커 (화생방 방공호)가 눈에 띈다. 40여 평의 이 벙커에는 3층짜리 간이침대 20여 개와 화장실 3칸, 식량 창고 등이 준비돼 있다. 여기에 발전기도 있다. 전기 공급이 중단되는 사태에 대비해 손으로 기구를 돌려 전기를 생산하기 위해서다. (중략)

트라움하우스 최초 분양 당시 대신주택 측은 "이 벙커에는 빌라 입주민 50여 명이 한 달간 핵폭발을 피해 생활할 수 있다"며 "필터의 경우 수명이 5년 이상이기 때문에 식량만 조달된다면 충분히 더 이상도 버틸 수 있다"고 소개한 바 있다.

트라움하우스가 재난과 관련해 눈길을 끄는 또 다른 이유는 바로 지진에 견딜 수 있는 면진 구조다.

국내에서 최초로 도입된 트라움하우스의 면진 구조는 리히터 규모 7.0 이상의 강진에도 견딜 수 있도록 설계됐다. 일본에서 일어난 지진 중 최악의 피해를 가져온 1923년 관동 대지진이 리히터 규모 7.0 정도라는 점을 감안하면 얼마나 강한 지진에도 버틸 수 있는지 가늠된다.

트라움하우스에 적용된 면진 구조는 적층 고무 시스템이다. 쉽게 말해 강한 지진파가 전달되면 건물 하부를 떠받치고 있는 고무가 늘어나면서 충격을 흡수한 뒤 탄성으로 인해 다시 건물이 제자리로 돌아오도록 하는 것이다.

– '헉! 핵 대피 시설까지…최고가 트라움하우스를 벗긴다', 〈이코노믹리뷰〉, 2007년 10월.

부동산 백만장자는 몇 명일까?

그렇다면 현대판 '아흔아홉 칸 양반집'에 사는 사람은 얼마나 될까요?

먼저 큰 집 순서로 볼까요? 현재 정부에서 집계하는 주택의 크기 중 가장 큰 집은 전용 면적 기준 327m² 즉 99평입니다. 보통 얘기하는 아파트 평형으로는 약 120~130평형 정도로 보면 됩니다. 이렇게 큰 대형 주택은 전국에 약 11만 6,022채가 있습니다(2005년 기준). 전체 주택 수와 견줘 보면 1%가 채 안 됩니다. 이 가운데 11만 4,661채는 단독 주택이고, 943채는 상가와 같은 비거주용 건물 내 주택이며, 공동 주택(아파트, 연립, 다세대)은 374채입니다.

한편 단독 주택은 공동 주택이나 상가 등 건물과 달리 마당이나 정원을 포함한 땅(주택에 딸린 땅을 대지라고 합니다)이 넓은 게 특징입니다. 따라서 주택의 크기뿐 아니라 대지의 면적을 함께 살펴야 합니다. 주택의 크기가 99평이 넘으면서 대지가 988m²(299평)가 넘는 집은 1,973채입니다. 여기에 99평이 넘는 공동 주택과 비거주용 건물 내 주택 1,317채를 합친 3,290채가 우리나라에서 가장 큰 '초대형 주택'이라 할 수 있겠지요.

이런 초대형 주택은 어느 동네에 있을까요. 집의 종류별로 다릅니다. 단독 주택은 65%가 지방에 있는 반면, 공동 주택은 98%가 수도권에 몰려 있습니다. 서울에 있는 초대형 주택은 모두 369채로 이 중 89%가 강남, 서초, 성북, 종로, 용산 등 5개 구에 몰려 있고, 그 가운데서도 강남·서초구에 58%가 집중돼 있습니다. 특히 강남구 도곡2동에는 서울에 있

는 초대형 아파트 138채 중 72%인 90채가 집중돼 있습니다.

재산이 많은 부자를 백만장자라고 하죠. 미국 투자 은행 메릴린치와 컨설팅 회사 캡제미니에 따르면 2007년 말 기준으로 한국의 백만장자는 모두 11만 8,000명에 달합니다.

백만장자란 재산이 백만 달러가 넘는 부자를 가리키는데, 당시 원/달러 환율이 900원과 1,000원 사이에서 오르락내리락했으니까 우리 돈으로 재산이 10억 원이 넘는 사람을 뜻했던 겁니다. 그런데 이 통계는 재산 중에서 집을 뺀 것입니다. 따라서 집을 포함하면 백만장자 수는 훨씬 많아집니다.

그렇다면 주택 재산만을 기준으로 백만장자는 얼마나 될까요? 2007년 말 기준으로 16만 4,000세대에 달합니다. 전체 1,885만 세대와 견줘 보면

1%가 채 안 되죠. 이 중에는 10억이 넘는 집을 한 채만 소유한 사람도 있고 소유한 집 여러 채의 가격을 합친 금액이 10억이 넘는 사람도 있습니다. 이 가운데 최고 부자 100명의 주택 재산은 1인당 평균 100억 원에 달합니다.

이처럼 전체 국민의 1%가 채 안 되는 부동산 백만장자들이야말로 현대판 '아흔아홉 칸 양반집'에 사는 부동산 부자들이라 할 수 있겠습니다.

현대판 '초가삼간'에 사는 사람들

1년 내내 햇빛 한줌 구경할 수 없는 암흑천지 동굴 속에는 낯빛이 파리한 세 가구의 주민들이 아직까지 살고 있다. 불과 10년 전만 해도 12가구 30여 명이 살았지만 지금은 모두 떠나고 네 명만 남았다. 황임선(85세·가명) 할머니도 그중 한 명이다.

동굴을 따라 3m쯤 들어가면 할머니가 2평 남짓한 방을 만들어 놓고 생활하고 있다. 동굴인데도 겨울 냉기가 몸을 움츠리게 한다. 최소한의 환기를 위해 입구를 열어 놓을 수밖에 없어 겨울철 매서운 한기가 고스란히 들이닥치기 때문이다. 하지만 화재 위험과 환기 문제 때문에 온돌이나 보일러 설치 등은 꿈도 꾸지 못하고 있다. 황 할머니는 방바닥에 스티로폼 단열재와 담요, 이불을 차례로 깔아 놓고 겨울 추위를 견디고 있다.

— '문명이 비켜간 동굴 토굴집', 《부산일보》, 2007년 1월 8일자.

"아무리 햇볕이 강해도 이 방으로는 볕이 들지 않아. 여름 내내 곰팡이 냄새를 맡으며 살지……"

송선옥(67세·가명) 씨가 살고 있는 서울 강동구 천호시장 뒤 반지하방을 찾은 1일, 문을 열자마자 곰팡이 냄새가 코를 찔러 기침부터 나왔다. 대낮이었지만 10평(33㎡) 남짓한 집은 컴컴했다. 불볕더위와 습기가 어우러져 옷이 금방 몸에 달라붙었다.

송씨는 "비만 오면 벽으로 물이 스며들어 전기가 끊기고, 화장실 냄새가 거꾸로 올라온다"며 얼굴을 찡그렸다. 집 바로 밑의 하수구 냄새로 코를 틀어막고 산다. 그는 "덥고 눅눅한 방에 있다 보면 몸에서 힘이 쭉 빠지는 느낌이야. 집 앞 쓰레기 냄새와 자동차 매연이 집으로 들어와서 숨쉬기도 힘들어"라고 말했다.

송씨의 남편은 2년 전 암으로 세상을 떴다. 송씨는 남편이 반지하방에 살면서 건강이 나빠졌다고 믿고 있다. 아들과 며느리는 집을 나갔고, 무가지 신문을 배포하고 받는 월 50만 원으로 중학생 손자(16세)와 단둘이 살고 있다.

송씨는 "손자가 몸에서 지하실 냄새가 나는 것 같다며 집에 친구도 데려오지 않는 걸 생각하면 가슴이 찢어진다"고 하소연했다.

— '반지하방 인생 늘고 있다', 〈서울신문〉, 2008년 8월 2일자.

인간이 동굴 등 땅속에 살기 시작한 것은 수십만 년 전 베이징 원인 때부터였다고 알려져 있습니다. 우리나라에도 북한 지방인 평양 인근 상원 검은모루동굴이나 제주도에 있는 빌레못동굴의 구석기 유적지에서 보듯 동굴에 살았던 흔적이 있었습니다.

그러나 21세기 세계 11위 경제 규모의 대한민국에 동굴이나 (반)지하에 사는 사람이 적지 않다는 사실은 놀랍기 짝이 없습니다. 왜냐하면 동굴이나 지하 공간은 인간이 살기에는 적절하지 않은 곳이기 때문입니다.

가장 큰 문제는 햇볕이 들지 않는다는 것이죠.

햇볕은 자외선과 적외선, 가시광선으로 구성되어 있습니다. 이 가운데 자외선과 적외선은 살균과 소독은 물론 오염된 공기를 깨끗이 하여 우울증이나 짜증, 불안이 없어지도록 도와줍니다. 또 우리 몸에 비타민D를 만들어 줘 뼈를 튼튼하게 합니다.

반대로 햇볕이 들지 않으면 습기가 많아 세균이 번식하기 쉽습니다. 지하방에 곰팡이가 많이 피는 이유도 이 때문이죠. 폐 질환이나 우울증, 만성 피로 등에 노출되어 건강이 나빠지고 병에 대한 저항력도 떨어집니다.

이런 이유로 건축법에서는 집을 새로 지을 때 다른 집과의 거리가 너무 좁거나 또는 주택의 높이가 너무 높아서 이웃집에 햇볕이 드는 것을 방해하면 건축 허가를 내주지 않도록 규정하고 있습니다. 이에 따르면 동짓날을 기준으로 오전 9시에서 오후 3시까지 6시간 중 2시간 연속 또

는 오전 8시에서 오후 4시까지 8시간 중 최소 4시간은 햇볕이 들어올 수 있어야만 사람이 살기에 어려움이 없습니다. 만약 이에 어긋나면 이웃집의 '햇볕을 쬘 수 있는 권리' 즉 일조권(日照權)을 침해하게 돼 집을 지을 수 없고, 만약 지었더라도 이웃에게 보상해야 합니다.

한편 동굴이나 (반)지하방 이외에도 기온 변화가 심하여 여름엔 적도요 겨울엔 시베리아인 옥탑방, 농작물을 키우는 비닐하우스, 혼자 눕기에도 비좁은 쪽방, 판잣집 등에 사는 사람들도 사정은 비슷합니다. 그렇다면 이처럼 사람이 살기에는 적절하지 않은 현대판 '초가삼간'에 사는 사람들은 얼마나 될까요.

2010년 기준으로 (반)지하방에는 52만 가구 116만 명이 살고 있습니다. 이 가운데 95%는 수도권에 살고 있는데요, 특히 서울에 사는 350만 가구 중 9%인 31만 가구가 (반)지하에 살고 있습니다. 서울 시민 열 가구 중 한 가구는 (반)지하에 사는 셈이죠.

옥탑방에는 4만 9,000여 가구 8만 8,000명이 살고 있고 비닐하우스와 판잣집, 움막에는 1만 6,000여 가구 3만 8,000여 명이 살고 있습니다. 또 '업소의 잠만 자는 방, 건설 현장의 임시 막사, 동굴 등 기타'의 거처에는 8만 6,000여 가구 12만 7,000여 명이 살고 있습니다. 결국 67만 가구 141만 명이 (반)지하, 옥탑, 비닐하우스, 판잣집, 동굴 등에 살고 있는데 이는 전체 가구의 4%에 달합니다. 우리 자신 또는 이웃 누군가가 우리 동네에서 이렇게 살고 있는 것입니다.

집을 보면 계급이 보인다

지금까지 가장 잘 사는 1% 부자의 집과 가장 어렵게 사는 4% 가난한 사람들의 집을 들여다봤습니다. 얘기를 좀 더 발전시켜 전 국민의 집을 살펴볼까요?

흔히 "내 재산은 집 한 채가 전부다." 혹은 "전세 보증금이 전 재산이다"라고 합니다. 가진 돈 대부분이 집을 사거나 빌리는 데 들어갔다는 얘기입니다. 그 이유는 집값이 너무 비싸서 집이나 전월세 방을 구하는 데 돈이 많이 들기 때문입니다. 또 주식에 투자하거나 저축하는 것보다 부동산에 투자하는 게 수익률이 높기 때문이기도 합니다.

이는 통계에서도 확인되고 있습니다. 2006년에 대한상공회의소가 전국 7대 도시 700가구를 대상으로 실시한 '우리나라 가계의 자산 보유 현황과 시사점 조사'에 따르면, 국내 가계 자산은 거주 주택이 평균 83.4%, 기타 부동산 5.2%, 금융 자산이 10.2%, 기타 비금융 자산 1.2%로 가계 자산 중 부동산 비중이 89%를 차지했습니다.

어떤 가정의 재산이 3억 원이라면 그 가운데 2억 6,700만 원이 부동산 재산이고 그중에서도 2억 5,000만 원은 집이라는 겁니다. 결국 어떤 가정이 재산이 많고 형편이 좋다면 집을 비롯한 부동산 재산이 많다는 말이고, 돈이 없어 가난하다면 부동산 재산이 적다는 말이라고 보면 크게 틀리지 않는 겁니다. 따라서 한국 사회에서는 집을 소유하고 있는지 아닌지, 소유하고 있다면 얼마짜리를 몇 채나 가졌는지를 보면 그 사람이 부자인지 아닌지 또는 얼마나 부자인지를 알 수 있습니다.

앞에서 신라나 조선 같은 신분제 사회에서는 집을 보면 그 신분을 알 수 있다고 했죠? 신분제는 없어진 지 오래지만, 21세기 대한민국에서도 집을 보면 계급을 알 수 있습니다. 사전을 찾아보면 '계급(階級)'이란 '사회에서 신분, 재산, 직업 따위가 비슷한 사람들로 형성되는 집단, 또는 그렇게 나뉜 사회적 지위'를 말합니다.

집을 중심으로 나눈 한국 사회 '부동산 6계급'의 규모와 처지는 다음과 같습니다. 아래 표에서 6계급 분류에 사용된 통계는 모두 2005년 기준입니다. 단 1계급, 2계급 통계 중 주택의 가격 통계는 2007년 기준을 반영했습니다.

한국 사회의 부동산 6계급

구 분	계 급	분포	가구 수	특징	주택 수
집 있음	1계급	2%	38만	집값 7.5억 초과	여러 채
					한 채
	2계급	54%	836만	집값 7.5억 이하	여러 채
					한 채
	3계급	4%	67만	집 있으나 셋방살이	한 채
집 없음	4계급	6%	95만	보증금 5,000만 원 이상	없음
	5계급	30%	481만	보증금 5,000만 원 미만	없음
극빈층	6계급	4%	68만	(반)지하, 옥탑방 등에 거주	없음

자료 : 통계청, '2005년 인구주택총조사 결과', 국세청, 「2007년 국세통계연보」.

먼저 1계급은 소유한 주택 한 채 또는 여러 채를 합친 가격이 2007년 매매 가격 기준으로 7억 5,000만 원이 넘는 사람들입니다. 앞에서 살펴본 부동산 백만장자를 포함해 38만 가구(2%)가 여기에 해당합니다. 이 가운데 15만 가구는 집을 한 채 소유하고 있고 23만 가구는 두 채 이상 여러 채 소유하고 있습니다. 또 여러 채 소유한 23만 가구가 가진 주택 수는 98만 채에 달합니다.

2계급은 소유한 주택의 가격이 7억 5,000만 원 이하의 사람들인데요, 836만 가구(54%)가 여기에 해당합니다. 이들 중 754만 가구는 1가구 1주택자이고, 82만 가구는 두 채 이상 소유한 다주택자들입니다. 다주택자

들이 소유한 주택 수는 380만 채로 가구당 4.6채씩 갖고 있습니다.

3계급은 자신 명의의 주택을 소유하고 있으나 경제적 형편이 좋지 않거나, 직장 생활 또는 자녀 교육 문제 등의 이유 때문에 남의 집에서 전월세를 사는 사람들입니다. 전체 가구의 4%, 67만 가구가 이런 '이중 인생'을 살고 있습니다.

4계급은 현재 전세나 월세에 사는 가구 중에서 보증금이 2005년 말 기준으로 5,000만 원이 넘는 사람들로, 전체 가구의 6%, 95만 가구가 여기에 해당합니다.

5계급은 보증금 5,000만 원이 안 되는 전월세 또는 사글세 등 셋방에 사는 사람들로 전체 가구의 30%인 481만 가구가 여기에 해당합니다. 이들 가운데 94만 가구는 3,000만 원에서 5,000만 원 사이의 보증금을, 140만 가구는 1,000만 원에서 3,000만 원 사이의 보증금을 내고 있고, 나머지 247만 가구는 보증금이 1,000만 원 미만이거나 보증금이 없는 월세 또는 사글세 집 등을 떠돌고 있습니다. 보증금 유무와 상관없이 평균 월세는 21만 원, 사글세는 28만 원 수준입니다.

6계급은 앞의 어디에도 포함되지 않는 처지가 더 딱한 사람들로 지하방, 옥탑방, 비닐하우스, 움막, 동굴 등에 사는 68만 가구(4%)가 여기에 해당합니다.

집값이 떨어지면 모두가 불행해질까?

부동산 가격이 오르고 내림에 따라 부동산 6계급은 저마다 다른 처지가 됩니다.

집값이 오르면, 가격이 크게 오르는 비싼 집을 갖고 있거나 집을 여러 채 가진 1계급과 2계급 일부는 이익을 보게 됩니다. 2계급 중에서도 집 값이 오르는 동네에 사는 사람과 그렇지 않은 사람은 서로 다른 처지가 됩니다. 3계급은 자신이 사 놓은 집의 값이 오르느냐 그렇지 않으냐, 현 재 자신이 사는 셋방의 전월세금이 오르느냐 그렇지 않으냐에 따라 역 시 처지가 갈립니다.

집값이 오르면 전월세금도 덩달아 오르기 때문에 그 피해는 셋방에 사는 4, 5, 6계급에 돌아갑니다. 이처럼 집값이 오르면 형편이 좋은 사람 에게는 이익이 되지만, 가난한 사람들이 큰 피해를 입는 것입니다.

집값이 떨어질 경우에는 정반대 현상이 일어납니다. 만약 집값이 현 재의 절반 가격으로 떨어진다면 1계급과 2계급 일부는 재산이 절반으로 줄어들 가능성이 있습니다. 집 한 채를 가진 2계급의 경우 이전에 집값 이 많이 올랐다면 많이 떨어질 가능성이 있습니다. 오른 만큼 떨어지는 셈이니, 오래전부터 그 집에 살았다면 손해를 보는 것은 아닐 가능성이 높습니다. 또 그간 집값이 별로 오르지 않았다면 더 떨어지지도 않겠지 요. 3계급은 집값이 오를 때와 같이 사정에 따라 처지가 다릅니다.

한편 집값이 절반 수준으로 떨어진다면 전월세금도 당연히 크게 낮아 집니다. 따라서 셋방에 살고 있는 4, 5, 6계급은 지금보다 형편이 좋아집 니다. 4계급 중 상당수는 평생소원인 내 집 마련의 꿈을 이룰 수 있습니 다. 5계급은 전월세금이 싸지기 때문에 같은 돈으로 더 넓은 집에서 살 수 있게 됩니다. 비록 셋방이지만 방 두 칸에 살다가 세 칸짜리로 옮겨갈 수 있다면 얼마나 행복하겠습니까? 지하에 사는 6계급은 지상으로 올라올 길이 열릴 수 있을 겁니다.

이처럼 부동산 가격이 오르고 내리는 데 따라 가난한 사람과 형편이 좋은 사람 간에 처지가 완전히 달라진다는 사실을 명심해야만 현실을 제대로 볼 수 있습니다.

우리나라에서 가장 넓은 집은 어디인가요?

'아흔아홉 칸 양반집', '고래 등 같은 기와집', '구중궁궐(九重宮闕)' ……. 옛날부터 넓은 땅에 크게 지어 권세를 부리는 부유층의 집을 가리키는 말이죠. 그렇다면 우리나라에서 가장 크고 넓은 집은 어디에 있을까요? 안타깝게도 1위, 2위 식으로 정확한 통계는 나온 게 없네요. 그래도 비싼 집 중에 가장 크고 넓은 집이 어디 있는지는 알 수 있습니다. 가격이 비싼 집은 당연히 크고 넓겠죠.

2011년 1월 1일 기준으로 우리나라에서 두 번째로 비싼 집인 경기도 하남시 망월동에 있는 한 대기업 회장의 초대형 저택은 땅 면적이 무려 8,879㎡(건물 연면적은 237㎡)입니다. 국제 축구 연맹(FIFA)이 정한 국제 규격 축구장 넓이가 길이 105m, 폭 68m로 7,140㎡ 인 점을 감안하면 혼자서 축구장만 한 집을 소유하고 있는 셈이죠. 정말 넓죠?

또 몇 년 전까지 가장 비싼 아파트 1, 2위를 다퉜던 서울시 강남구 도곡동에 있는 빌라형 아파트 힐데스하임은 공급 면적이 661㎡ 즉, 200평형이고 실내 전용 면적도 424㎡(129평)에 달합니다. 농구장 공식 넓이가 420㎡ 이니 실내에서 경기를 해도 될 만큼 크고 넓단 얘기죠.

우리나라에서 집을 가장 많이 가진 사람은 몇 채를 소유하고 있나요?

우리나라에서 집을 가장 많이 가진 사람은 2005년 기준으로 혼자서 1,083채를 소유하고 있습니다. 2위는 819채, 3위는 577채입니다. 최고 집 부자 10명이 가진 집이 5,508채니까 한 사람당 평균 550채를 가진 셈입니다. 집 100채를 갖고 있어도 30위 안에 들기가 어렵습니다. 57채는 가져야 100등 안에 들 수 있습니다. 우리나라 최고 집 부자 100명이 가진 집은 모두 1만 5,464채입니다.

국민 10명 중 4명꼴로 남의 집을 떠돌며 살고 있는데 혼자서 너무 많은 집을 갖고 있는 것은 아닐까요? 여러분은 어떻게 생각하세요?

집 부자 100명이 가진 집

순위	주택 수
1위	1,083채
2위	819채
3위	577채
4위	521채
5위	476채
6위	471채
7위	412채
8위	405채
9위	403채
10위	341채
≀	≀
37위	107채
≀	≀
76위	70채
100위	57채

자료: 안전행정부, 다주택 소유자 상위 100위, 주택 소유 현황(2005년 8월 12일).

인권으로 바라본 부동산 민주주의   8

가장 시급한 일은 이전처럼 부동산 가격이 계속 오르는 걸 막는 것입니다. 부동산 가격이 오르면 소수 땅 부자, 집 부자는 돈을 벌겠지만 대다수 국민은 피해를 보기 때문입니다. 경제와 사회도 건강하게 유지되기 어렵기 때문입니다.

8. 인권으로 바라본 부동산 민주주의

정약용이 살아 있다면

우리나라에서 부동산이 문제가 되는 것은 땅과 집의 특수한 성질을 무시하고 제대로 다루지 못했기 때문이라고 할 수 있습니다. 그렇다면 무엇을 어떻게 바로잡아야 부동산을 모두에게 도움이 되는 '착한 부동산'으로 자리 잡게 할 수 있을까요?

부동산이 문제가 된 건 어제오늘이 아닙니다. 조선 후기에도 농민들이 땅 때문에 어려움을 많이 겪었습니다. 땅 대부분을 농사를 짓지 않는 지주들이 갖고서, 농민들이 애써 지어 놓은 농산물 대부분을 그 땅에서 농사지은 대가라며 빼앗아 갔기 때문이지요.

『목민심서』와 같은 당대에 매우 뛰어난 책을 지은 조선 후기 대학자 정약용(丁若鏞, 1762~1836)은 '경자유전(耕者有田)' 즉, 땅은 농사짓는 사람

만 소유하게 해야 한다고 주장했습니다. 농사를 짓지도 않는 사람이 농토를 갖는 것을 금지하자는 것이었습니다. 이를 위해 정약용은 땅을 모두 나라에서 사들인 뒤, 농민에게만 나눠 줘야 한다고 했습니다. 그렇게 하면 농민들이 더 열심히 일할 수 있고 생산량도 훨씬 늘어날 수 있다는 것입니다.

정약용이 200년 전에 주장한 땅 문제 해결 방안에 담긴 정신을 오늘날의 표현으로 한다면 '토지 공개념(土地公槪念)'이라 하겠습니다. 토지 공개념이란 땅을 소수가 독차지해서 투기를 일삼지 못하게 하고, 공동선과 공동의 이익을 위해 사용하도록 하는 것을 말합니다.

예를 들면 농사를 짓는다든지 공장을 운영하는 등 꼭 필요한 경우가 아닌데도, 투기를 목적으로 땅을 소유한 사람에게는 불이익을 줘서 그런 일을 하지 않도록 유도하는 정책을 펴는 것이지요.

집도 마찬가지입니다. 살지도 않으면서 집을 수십 채, 수백 채, 심지어 천 채가 넘게 소유하며 투기로 불로소득을 벌어들이는 사람에 대해서는 그 불로소득의 대부분을 세금으로 거둬 별다른 이익을 보지 못하도록 하는 것이죠.

이런 정책을 편다면 자연스럽게 땅이나 집을 독차지하는 사람이 줄어들고, 당연히 비싼 부동산 가격도 적절한 가격으로 안정돼서 꼭 필요한 사람이 싼값에 이용할 수 있게 됩니다.

부동산의 소유뿐 아니라 이용, 불로소득의 환수 등 다양한 분야에서 토지 공개념의 정신을 살려 나가는 것이야말로 부동산 문제를 해결하는 데 지켜야 할 가장 근본적인 정신이라 하겠습니다.

우리나라는 땅 가운데 31%, 집 가운데 5%만 중앙 정부나 지방 정부가 소유하고 있습니다. 땅의 69%, 집의 95%는 개인이 소유하며 마음대로 사고팔 수 있기 때문에 투기에 노출되어 있습니다. 더구나 개인 소유지 기준으로 국토의 3분의 2를 6%의 땅 부자가 갖고 있고, 집을 3채 이상 소유한 소수의 집 부자가 소유한 주택 수 역시 270만 채에 달할 정도로 부동산 소유의 빈부격차가 심각한 상황입니다.

이스라엘이나 싱가포르는 국토의 80% 이상을 정부가 소유하고 있고, 미국도 국토의 절반을 연방 정부와 주 정부가 갖고 있습니다. 네덜란드는 전체 주택의 3분의 1 이상을 정부가 소유하고 있고, 대부분의 선진국들도 주택의 20% 이상을 정부가 갖고 있습니다. 그만큼 투기에 노출된 정도가 우리에 비해 적은 것입니다.

　지금 당장 투기에 노출된 정도를 선진국 수준으로 낮추기는 쉽지 않습니다. 막대한 재정이 필요할 뿐 아니라, 사회적으로도 많은 부작용을 낳을 수 있기 때문이지요. 그러나 부동산 투기가 발붙일 수 없는 나라로 가려면 대부분의 땅과 집이 투기에 노출된 현실을 반드시 개선해야 합니다. 따라서 100년을 내다보며 1년에 1%씩 아주 천천히 가는 한이 있더라도 투기에 약한 우리나라 부동산 소유 편중의 현실은 꼭 바로잡아야 하는 것이죠.

'착한 부동산'을 위해

　"눈은 하늘을 보되, 발은 땅에 단단히 디뎌라"는 말이 있습니다. 높은 이상과 목표를 추구하되 현실을 냉정하게 살펴야 한다는 뜻입니다. 부동산 문제도 마찬가지입니다. 100년을 내다보면서 근본적으로 문제를 해결해 나가되, 당장 현실에서 부딪히는 문제도 차근차근 풀어 가야 합니다.

　가장 시급한 일은 이전처럼 부동산 가격이 계속 오르는 걸 막는 것입니다. 부동산 가격이 오르면 소수 땅 부자, 집 부자는 돈을 벌겠지만 대다수 국민은 피해를 보기 때문입니다. 경제와 사회도 건강하게 유지되기 어렵습니다.

　부동산 가격이 치솟는 걸 막으려면 부동산 투기를 막아야 합니다.

　앞에서 2억 7,000만 원 주고 산 아파트가 5년 만에 11억 원으로 치솟은 사례를 소개했는데, 이 아파트를 팔 경우 11억 원에서 2억 7,000만 원을 뺀 8억 3,000만 원을 불로소득으로 고스란히 벌게 됩니다. 그런데 전문 투기꾼들은 이처럼 많이 오를 가능성이 있는 아파트를 여러 채, 심지어 수십 채씩 사고파는 식으로 돈을 벌고 있습니다.

이런 행위를 용납한다면 투기를 잡을 수 없습니다. 이 경우 현행법에 따라 처음 살 때 가격과 팔 때 가격의 차액에 대해 양도 소득세를 매기게 되는 데, 그 액수가 너무 적습니다. '양도(讓渡)'란 집을 넘겨주는 일을 말하는데 양도 소득세는 집을 팔 때 벌게 되는 소득에 대해 물리는 세금입니다.

집을 여러 채 소유하는 사람에게는 좀 더 많은 세금을 물려야 합니다. 특히 집을 세 채 이상 여러 채씩 사고파는 투기꾼들에게는 더 많은 세금을 물려 투기를 해도 큰 이익을 볼 수 없게 해야 합니다.

양도 소득세뿐 아니라 각종 개발 정책에 따라 부동산 가격이 올라 발생하는 소득에 대해서도 세금이나 부담금 등으로 사회에 환원해야만 투기가 사라질 수 있습니다.

나아가 비싼 부동산을 많이 소유한 사람들에게는 그에 걸맞은 부담을 지우도록 함으로써, 가격이 오를 것을 기대하고 필요 이상으로 많은 부동산을 소유하는 풍토를 개선해야 합니다.

건설 업체에 아파트를 짓기도 전에 팔 수 있도록 특혜를 준 선분양 제도는 폐지해야 합니다. '소비자는 왕'이란 말이 있지 않습니까? 아파트도 다른 물건처럼 다 만든 뒤에 소비자들이 요모조모 뜯어보고 따져 보고 사도록 후분양제로 바꿔야 합니다. 그전에라도 아파트 분양 가격을 건설 업체가 마음대로 올려 큰 이익을 보며 부동산 값을 끌어올리지 못하도록 '분양가 상한제'를 더 강력하게 시행해야 합니다.

정부는 건설 업체들에 공사 일을 대주는 개발 정책을 쏟아 내지 말아야 합니다. 국민 생활에 꼭 필요하지 않은 공사를 일부러 만들어 국민의 세금을 쏟아 붓는다면 건설 업체는 큰돈을 벌어서 좋겠지만, 예산을 낭비하는 일일 뿐 아니라 부동산 투기를 부채질하게 됩니다.

정부의 부동산 정책은 복지 정책으로 방향을 틀어야 합니다. 최저 주거 기준에도 미달하는 집에서 힘겹게 사는 가난한 사람들을 위한 공공 임대 주택을 늘리고, 주거비를 보조하는 정책을 더 열심히 펴야 합니다. 이들에게도 '집은 최소한의 인권'일 수 있도록 하는 게 정부가 가장 우선해야 할 부동산 정책입니다.

한국형 셋방 보호 제도

앞서 소개했듯이 독일은 집을 사지 않더라도 셋방에서 불편하지 않게 살 수 있는 제도를 시행하고 있어 배울 게 많습니다.

통계청 발표에 따르면 우리나라에는 2005년 기준으로 657만 가구가 셋방에 삽니다. 이 가운데 어딘가 자신 명의의 집을 사 놓은 67만 가구를 제외하면 590만 가구가 집 없이 셋방을 떠돌고 있습니다. 그런데 이 가운데 17%만 전월세 보증금 5,000만 원 이상의 셋방에 삽니다. 나머지 500만 가까운 가구는 5,000만 원도 안 되거나 심지어 보증금도 없는 월세나 사글세에 살고 있습니다.

만약 집값이 절반 가격으로 떨어진다면 보증금 5,000만 원 이상 셋방에 사는 사람 중, 부모 형제의 도움을 받거나 은행에서 돈을 빌려야 하는 사람도 있겠지만, 상당수는 내 집을 살 수 있겠지요. 그러나 셋방 가구의 절대다수인 500만 가구는 집값이 반 토막 나도 내 집을 살 수 없는 게 냉정한 현실입니다. 가진 돈이 얼마 안 되기 때문이죠.

따라서 현재 셋방에 사는 사람 가운데 절대다수에게는 내 집을 살 수 있도록 도움을 주는 대책보다, 내 집을 사지 않더라도 살 곳을 걱정하지 않아도 되는 대책이 더 필요한 것입니다.

독일의 경우처럼 셋방이라도 평균 13년씩 같은 집에서 살 수 있고, 전월세 가격이 터무니없이 오르는 일도 없다면 집 없는 설움을 크게 줄일 수 있을 것입니다.

그런 점에서 1년에 올릴 수 있는 전월세금을 제한하는 공정 임대료 제도, 집을 부순다거나 하는 극히 예외적인 상황이 아니라면 계속 같은 집에서 살 수 있도록 하는 제도가 하루빨리 도입되어야 합니다. 또 집을 세 놓아 버는 임대 소득에 대해서도 액수에 따라 적정한 세금을 매김으로써, 전월세금을 터무니없이 올려 받더라도 이익을 볼 수 없도록 해야 합니다.

선진국에서 오래전부터 시행한 이 같은 제도를 우리 현실에 맞게 도입한다면, 셋방에 사는 사람들의 주거 인권 보호뿐 아니라 부동산 시장 안정에도 큰 도움이 될 것입니다.

전세 제도는 세계에서 대한민국에만 존재하는 유일무이한 주택 임대차 제도입니다. 그런데 전세 제도 때문에 여러 가지 문제가 발생하고 있습니다. 그렇다고 오랜 세월 정착된 전세 제도를 하루아침에 없앨 수도 없기 때문에, 이에 알맞은 한국형 셋방 보호 제도가 하루빨리 마련되어야 하겠습니다.

셋방 사는 사람들에게 가장 큰 문제는 전 재산이나 다름없는 전세금을 떼이는 것입니다. 집주인이 사업이 망하거나 경제적으로 어려움을 당하여 빚쟁이들이 집을 빚 대신 내놓으라고 할 경우, 그 집에 세들어 살던 사람들은 전 재산이나 마찬가지인 전세금을 떼일 가능성이 있습니다.

이런 경우를 대비해 현행법에는 세들어 살고 있는 사람이 동사무소나 등기소에서 확정 일자를 받아 두면 다른 빚에 앞서서 전세금을 보장받을 수 있도록 하고 있지만, 집주인이 이미 은행 등으로부터 많은 돈을 빌렸다면 확정 일자를 받아 뒀더라도 위험할 수 있습니다. 그리고 또 확정 일자를 받아 두지 않았더라도 소액 보증금(서울의 경우 7,500만 원 이하)에 대해서는 일정 금액(2,500만 원)까지는 최우선으로 보호하도록 하고 있지만 이 금액이 터무니없이 낮다는 문제가 있습니다(2013년 8월 기준).

2010년 기준으로 서울에서 전세방에 사는 가구의 평균 가구원 수가 2.7명이고 전세 보증금 평균이 1억 1,000만 원이 넘기 때문에 2,500만 원은 현실과 너무 동떨어져 있습니다.

전세금을 떼이지 않으려면 집주인이 많은 빚을 지고 있는 것은 아닌지 미리 확인해야 하며, 셋방을 얻을 때는 반드시 동사무소에 전입신고를 하고 확정 일자를 받아 둬야 합니다. 나아가서 현행법을 고쳐서 최악의 경우 보호받을 수 있는 전세 금액을 현실에 맞게 올려야 합니다.

전세금은 많게는 수억 원, 적어도 수천만 원의 목돈입니다. 이삿날이 맞지 않거나, 들어오기로 한 세입자가 사정이 생겨 이삿날을 늦출 경우 낭패를 보기 일쑤입니다. 더구나 이사가 서로 물고 물려 있기 때문에 많게는 수십 가족이, 세 들어오는 사람한테서 전세금을 받아 세 나가는 사람한테 전해 주는 식으로 연결되어 있습니다.

그러나 워낙 큰 액수이기 때문에 집주인도 당장 뾰족한 수가 없습니다. 이 경우 정부에서 싼 이자로 전세금을 빌려 준다면 발을 동동 구르는 일은 없을 것입니다.

이처럼 독일과 같이 셋방에 사는 사람의 주거 인권을 보호할 수 있는 선진국의 좋은 제도를 도입하되, 전세 제도가 발달한 한국의 현실을 감안해 한국형 셋방 보호 제도를 시행한다면 셋방에 사는 1,780만 명의 삶을 따뜻하게 할 수 있을 것입니다.

지상으로 가는 사다리가 필요하다

집 때문에 가장 고통을 심하게 겪고 있는 사람들에 대한 대책이 무엇보다도 시급합니다. 2010년 기준으로 (반)지하와 옥상, 비닐집, 쪽방, 동굴, 움막 등 사람이 살기에 부적합한 곳에서 사는 사람은 69만 가구 141만 명이나 됩니다.

2005년 조사 결과에 따르면 전국 3,573개 읍면동 가운데 (반)지하 거주자가 있는 곳은 2,387곳, 옥탑방은 2,120곳, 판잣집·비닐집·움막은 1,812

곳, 동굴·업소의 잠만 자는 방·건설 현장의 임시 막사 등 기타는 2,480
곳에 달합니다. 이들은 234개 동네를 제외한 3,339개 읍면동에 걸쳐 광범
위하게 살고 있습니다. 그 가운데서도 집값이 비싸고 인구가 집중돼 있
는 수도권에 93%가 살고 있습니다.

우선 정부 차원에서 실태를 자세히 조사해야 합니다. 어떤 사람들이
살고 있으며, 방값은 얼마며, 힘든 점은 무엇인지 등 실상을 알아야 도움
이 되는 대책을 세울 수 있기 때문입니다.

비닐하우스에 사는 사람들에게 주소지를 옮길 수 있도록 한다든가,
(반)지하에 사는 사람들에게는 습기를 피할 수 있는 임시 시설을 제공하
는 등의 응급조치도 필요합니다.

그래서 이들이 지하에서 지상으로 올라올 수 있는 사다리가 될 수 있

는 종합 대책을 마련해야 합니다. 극히 일부를 제외하고는 지하, 비닐집, 쪽방, 움막, 동굴 등은 수리하거나 환경을 개선한다 하더라도 주거지로 사용하기 어렵기 때문에 대체 주거지를 마련해야 합니다.

가장 먼저 땅 위로 나와야 할 사람은 바로 어린이나 노인, 장애인들입니다. (반)지하나 비닐하우스 등은 보통 사람이 살기에 적합하지 않지만, 특히 약자들에게는 더 견디기 어렵기 때문입니다.

앞서 소개한 네덜란드 방식의 정부 셋방 즉, 공공 임대 주택을 더 많이 확보해야만 이들에게 편안한 안식처를 제공할 수 있습니다. 공공 임대 주택은 다른 셋방에 비해 가격이 싸고, 최소 30년 동안은 같은 집에서 살 수 있기 때문에 이들에겐 안성맞춤이죠.

우리나라에도 중앙 정부나 서울시가 운영하는 정부 셋방(공공 임대 주택)이 있긴 있습니다만, 전체 주택의 5% 수준으로 매우 적습니다. 선진국처럼 최소한 20% 수준을 확보하도록 노력해야 합니다. 또 벌이가 적거나 형편이 어려운 소년소녀 가장, 홀로 사는 노인, 장애인 등에 대해서는 주거 보조비를 지원하는 등 별도의 대책이 마련돼야 합니다.

이 모든 일은 정부의 재정이 들어가기 때문에, 능력이 되는 사람들에게 세금을 제대로 거둬 정부 재정을 튼튼히 하는 정책이 함께 추진돼야 가능합니다. 따라서 주택 정책만이 아니라 조세와 재정 제도, 사회 보장 제도 등을 선진국형으로 바꿔 나가야 합니다.

주민을 위한 재개발 사업

몸에 탈이 나면 당연히 치료를 해야 하지만, 병이 더 악화되지 않도록 하는 것도 매우 중요합니다. 마찬가지로 부동산 문제를 더 악화시키지 않도록 해야 하는데요, 바로 재개발 정책을 바로잡는 게 여기에 해당합니다.

재개발은 동네를 좀 더 편리하게 고쳐 주민들의 삶의 질을 개선한다는 취지를 벗어나 많은 문제를 일으키고 있습니다. 가장 큰 문제는 그 동네에 살던 사람을 더 편안하게 살게 해 주는 게 아니라, 오히려 동네를 떠나도록 한다는 데 있습니다.

원래 그 동네에 살던 사람 중 재개발 사업 후 계속 사는 사람은 20%에 불과합니다. 80%는 동네를 떠난 것입니다. 그 이유는 재개발 후 동네 집값이 치솟아 가난한 사람들은 도저히 살 수 없게 되었기 때문이죠. 이 과정에서 공사를 맡은 건설 회사와 일부 부동산 부유층은 큰돈을 벌었지만, 대다수 주민은 정든 동네를 떠나게 된 겁니다. 동네 사람 중 상당수는 이전에 비해 좁은 집으로 이사 가거나, 아예 집값이 싼 서울 변두리나 바깥으로 밀려났습니다.

이렇게 된 가장 큰 이유는 재개발 사업이 동네 사람들의 의사와 다르게 진행되었기 때문입니다. 우선 동네 사람의 절반 이상을 차지하는 셋방에 사는 사람들은 참여할 수 없습니다. 집을 소유한 사람들만 참여할 수 있기 때문입니다.

더구나 동네를 편리하게 바꾸는 데 중앙 정부나 지방 정부가 예산 지원도 제대로 하지 않고 뒷짐을 지고 있는 탓에 실질적인 사업의 주도권은 건설 업체가 쥐게 됩니다. 그 결과 건설 업체와 부동산 재산이 많은 부유층에게 이익이 되는 방향으로 사업이 진행되어, 대다수 주민에게는 도움이 되지 않게 됩니다.

더구나 가난한 사람들이 여기에 항의라도 할라치면, 용역 깡패와 경찰들이 폭력을 휘두르며 사회적 약자들을 괴롭히는 일이 수도 없이 되풀이되고 있습니다. 그 대표적인 사건이 바로 2009년 1월에 발생한 '용산 참사'입니다.

이처럼 재개발 사업의 문제점을 고쳐야만 가난한 사람들의 주거 생활이 악화되는 것을 막을 수 있습니다.

재개발은 셋방에 사는 사람들을 포함해 동네 사람들이 모두 참여하는 민주적인 방식으로 진행해야 합니다. 중앙 정부와 지방 정부도 주민 다수의 공동의 이익을 위한 재개발이 되도록, 예산 지원과 투명한 절차 보장 등 제 역할을 다해야 합니다. 또 재개발 과정에서 용역 깡패의 폭력과 강제 철거 등 인권을 짓밟는 일이 일어나지 않도록 해야 합니다.

특히 군사 작전을 하듯이 무조건 빨리빨리 해치우는 속도전 방식이 아니라, 충분히 의견을 모으고 예상되는 문제점에 대해 대책을 세워서, 현재 사는 주민들에게 가장 좋은 동네를 만들 수 있는 방식으로 진행해야 합니다.

또 기존의 동네를 완전히 부수고 천편일률적으로 성냥갑 같은 아파트만 가득한 동네를 만드는 방식을 벗어나, 다양한 사람들의 다양한 취향이 반영되는 재개발이 되어야 합니다.

부동산 민주주의

부동산 문제를 올바로 해결하려면 부동산에 대한 생각을 바로잡는 것도 중요합니다. 특히 부동산 투기를 일삼는 부유층이나 사회 지도층들부터 생각을 바꿔야 합니다. 집을 돈 버는 수단이 아니라, 나와 가족이 편안하게 사는 삶의 터전이라는 생각이 상식이 돼야 합니다.

이 점은 10대에게도 일부 관련이 있습니다. 예를 들면 친구들을 아파트 평수로 평가하는 태도는 바람직하지 않은 일입니다. 이런 사고방식은 부동산을 인간의 삶에 필요한 수단으로 보는 게 아니라, 인간을 부동산의 부속물쯤으로 바라보는 것입니다.

부동산에 대한 생각을 바로잡으려면, 실제로 부동산 투기를 할 경우 이익을 보기는커녕 손해를 보도록 현실을 바꾸어야 합니다. 사고방식이 현실을 바꾸기도 하지만, 현실이 변화하지 않으면 잘 바뀌지 않는 게 사고방식이기도 한 것이니까요. 지금까지 그랬듯이 부동산 투기를 하면 할수록 돈을 버는 일이 계속된다면, 아무리 '부동산은 돈 버는 수단이 아니다'라고 목청껏 외쳐도 소용없는 일입니다.

잘못된 현실을 바로잡을 수 있는 올바른 제도와 정책이 중요합니다. 이를 위해서는 중앙·지방 정부와 국회의 활동 즉, 정치를 바로 세우는 것이 열쇠입니다. 민주주의를 제대로 실천하는 좋은 정치가 필요한 것입니다.

민주주의는 단순히 국민이 대표를 직접 뽑는 형식뿐만 아니라, 부동산 문제처럼 사람들의 생활에 큰 영향을 미치는 사회적인 문제를 올바로 해결하는 것이 중요하기 때문입니다. 부동산에서 민주주의를 제대로 실현하는 것이야말로 우리나라 민주주의를 완성하는 일입니다.

재개발은 왜 하나요?

재개발은 말 그대로 '다시 개발한다'는 뜻입니다. 너무 오래돼 낡고 불편한 도시의 동네를 좀 더 편하게 살 수 있도록 고치는 일이죠.

재개발은 왜 할까요? 도시는 농촌보다 훨씬 늦게 태어났지만 나이가 어린 것은 결코 아닙니다. 엄마, 아빠나 할아버지, 할머니가 시골에 사시다가 서울로 이사 오신 분들이 계실 텐데요, 서울은 1970년대부터 인구가 빠르게 불어났죠. 이사 오는 사람들이 늘어나니 집을 새로 짓고 도로도 새로 닦고 하수구 공사도 하고 전봇대도 새로 세웠습니다. 그런데 그게 벌써 40년 전 일이니까, 당시에는 편리했지만 지금은 불편한 게 많아진 겁니다. 그래서 낡고 오래된 집을 헐고 새로 지어 편리한 동네로 바꾸는 겁니다.

'뉴타운'이란 말 들어 보셨나요? 즉, 재개발을 거쳐서 태어난 새로운 동네를 말하는 건데요, 2002년부터 서울시가 실시한 새로운 재개발 방식을 가리키는 말입니다. 그런데 그 동네에 살던 사람들이 재개발이 끝난 뒤 대부분 동네를 떠나게 돼 큰 문제가 되기도 합니다. 이렇게 된 이유는 재개발 사업을 할 때 동네 사람들의 의견을 제대로 반영하지 않고 또 재개발 뒤 집값이 너무 많이 올라서 가난한 사람들이 살 수 없게 됐기 때문입니다. 재개발은 필요한 일이지만 잘못하면 안 하느니만 못하기 때문에 이것저것 잘 따져 보고 추진해야 합니다.

재개발이 그 동네에 살고 있는 사람에게 도움이 되게 하려면, 우선 세들어 사는 사람을 포함한 동네 주민들의 참여가 보장돼야 합니다. 또 충분한 시간을 갖고 어떤 게 최선인지 머리를 맞대고 의견을 나눌 수 있어야 합니다. 정부나 지방 자치 단체가 재정을 지원하고 투명한 절차가 보장되도록 하는 등 책임을 다하는 것도 꼭 필요합니다.

강남에 있는 아파트는 왜 강북에 있는 아파트보다 비싼가요?

서울에는 25개 구가 있습니다. 그 가운데 강남구에 있는 아파트는 유독 비쌉니다. 똑같은 크기의 아파트라도 은평구, 금천구, 중랑구, 도봉구에 있는 아파트 네 채를 팔아야 강남 아파트 한 채를 살 수 있을 정도이니까요(2008년 기준). 또 강남구 땅을 팔면 금천구, 강북구, 도봉구, 중랑구, 서대문구, 동대문구, 동작구 등 7개 구를 살 수 있다고 하니 땅값도 엄청나게 비쌉니다. 비싸도 너무 비싸서 말 그대로 '금싸라기 땅'이라는 말이 어울릴 정도입니다. 왜 강남의 집값과 땅값이 비싼 걸까요?

앞에서 물건값을 결정하는 데 여러 가지 요인이 작용한다고 얘기한 걸 기억하죠? 같은 집이라도 살기 좋은 동네에 있으면 더 비싸고, 또 사려는 사람은 많은데 팔려고 내놓은 집이 적다면 역시 가격이 올라가겠죠. 강남은 교통도 편리한 데다 대기업 본사나 큰 빌딩들도 몰려 있습니다.

또 8학군이라고 들어 보셨죠? 이른바 '좋은 대학'에 많이 들어가는, 흔히 말하는 명문 고등학교가 많다고 알려져 있지요. 그래서 여유가 되면 강남에서 살려고 하는 사람이 많은 게 사실이어서 가격이 올라가는 요인이 됩니다. 그런데 이것만 가지고는 강남 땅값과 집값이 금싸라기에 비유될 정도로 비싸지기는 어렵습니다.

가장 큰 이유는 '강남에 부동산을 사 두면 무조건 돈을 많이 벌 수 있다'고 믿고, 돈 많은 사람들이 너도나도 강남의 땅, 아파트, 빌딩을 사려고 경쟁하기 때문입니다. 이처럼 가격이 오를 것을 기대하고 집이나 땅을 사려고 몰리는 걸 투기 수요라고 합니다. 실제로 현재 서울 강남구에는 집주인보다 세들어 사는 사람이 훨씬 많습니다. 왜냐하면 돈 많은 사람들이 강남에 집을 여러 채씩 사 놓았기 때문입니다.

집이나 땅으로 번 돈은 땀 흘려 노동해서 번 게 아니라 다만 가격이 올라서 생긴 불로소득입니다. 이렇게 되면 누가 열심히 일하겠습니까. 그래서 선진국에서는 많은 세금을 물리는 등 여러 가지 방법으로 불로소득을 환수합니다.

그러나 우리나라는 투기로 얻은 불로소득을 환수하는 제도가 상당히 허술해서 돈 많은 사람들이 너도나도 강남 부동산을 사들이려 하고, 그럴수록 강남의 집값과 땅값은 올라 금싸라기처럼 비싸지는 악순환이 되풀이되고 있는 것입니다.

우리나라가 100명이 사는 마을이라면

『세계가 만일 100명의 마을이라면』이란 책을 보며 감탄한 적이 있습니다. 이 책에는 전쟁과 기아를 넘어 더불어 평화롭게 사는 세계를 갈망하는 미국의 환경학자 도넬라 메도스(Donella Meadows, 1941~2001) 박사의 아름다운 마음씨가 담겨 있습니다. 특히 지구촌을 '100명의 마을'로 축소시켜 복잡한 세계를 한눈에 알 수 있도록 하고 있죠. 책은 이렇게 시작됩니다.

"지금 세계에는 63억의 사람이 살고 있습니다. 그런데 만일 그것을 100명이 사는 마을로 축소시키면 어떻게 될까요? 100명 중 52명은 여자이고 48명은 남자입니다. 30명은 아이들이고 70명이 어른들입니다. 어른들 가운데 7명은 노인입니다."

모든 숫자를 백분율로 표시하는 방법으로 복잡한 세계를 한눈에 알 수 있도록 한 것입니다. 5,000만 명 이상이 사는 대한민국도 복잡하다면 복잡합니다. 만약 대한민국을 100명의 마을로 축소시킨다면 훨씬 더 쉽게 알 수 있지 않을까요? 자, 지금부터 '우리나라가 100명의 마을이라면' 식으로 부동산 공부를 시작해 보겠습니다.

우리나라 땅이 100m²라면

먼저 땅부터 시작하겠습니다.

2009년 기준으로 우리나라 국토 면적은 10만km²에 달합니다. 만약 우리나라 국토 면적이 100m²라면, 그중 64m²는 숲과 들이고 19m²는 논과 밭입니다. 3m²는 집을 지었거나 지을 땅 즉, 대지이며 다른 3m²는 차와 사람이 다니는 도로이고, 또 다른 3m²는 강을 비롯한 하천입니다. 또 2m²는 개울물이 지나는 길이며 1m²는 댐, 저수지, 호수 등이 자리 잡은 땅입니다. 공장, 목장, 과수원도 각각 1m²씩 자리 잡고 있습니다. 나머지 2m²에는 묘지, 학교, 체육 시설, 제방, 철도, 공원, 염전, 창고, 수도, 종교 시설, 유원지, 양어장, 주유소, 주차장, 사적지 등이 자리 잡고 있습니다.

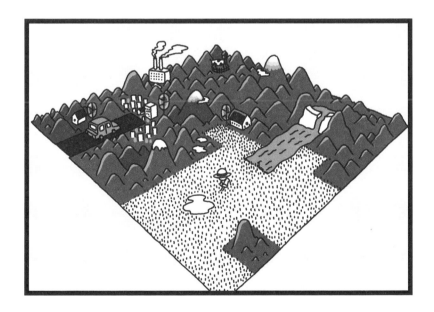

국토 구성 현황 (우리나라 땅이 100m²라면)

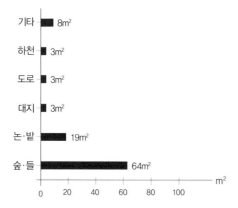

　　국토 면적 가운데 가장 넓은 것은 숲과 들 즉, 임야입니다. 임야 64m²
가운데 32%인 20m²는 중앙 정부와 지방 정부가 소유하고 있고, 68%인
44m²는 개인이나 기업 소유이거나 종교 단체 또는 문중 땅입니다.

　　땅 가운데 가격이 가장 비싼 것은 집을 지을 수 있는 대지입니다. 국토
면적의 3%에 불과하지만 가격은 우리나라 땅값 총액의 3분의 1이 넘으
니, 작지만 값이 비싼 알짜배기 땅이라 하겠습니다. 전체 대지 면적 3m²
가운데 중앙 정부와 지방 정부가 소유한 땅은 7%인 0.2m²에 불과하고,
나머지 93%인 2.8m²를 개인과 법인 또는 종교 단체나 문중이 소유하고
있습니다. 이중 2.5m²는 개인 소유입니다.

　　이번에는 국토 중 정부 땅과 민간인 땅이 얼마나 되는지 살펴보겠습니
다. 국토 100m² 중 31m²는 중앙 정부와 지방 정부가 소유한 국공유지이
고, 69m²는 개인이나 기업 또는 종교 단체나 문중이 소유한 사유지입니

다. 사유지 가운데 54m²는 개인이 소유한 땅입니다.

개인이 소유한 땅 54m² 가운데 99%인 53.5m²를 전체 가구의 27%에 해당하는 땅 부자들이 갖고 있습니다. 특히 전체 가구의 6%에 해당하는 최고의 땅 부자들이 차지하는 땅은 전 국토의 74%인 40m²에 이릅니다. 남은 1%인 0.5m²를 전체 가구의 33%에 해당하는 사람들이 소유하고 있으며, 나머지 40%의 가구는 땅을 한 뼘도 갖고 있지 않습니다.

우리나라 집이 100채라면

2010년 기준으로 우리나라에는 집이 1,468만 채가 있습니다. 만약 우리 나라에 있는 집이 100채라면 58채는 아파트입니다. 28채는 단독 주택, 9 채는 다세대 주택, 4채는 연립 주택입니다. 나머지 1채는 상가 안에 있는 주택과 같은 비거주용 건물 내 주택입니다.

주택 형태 (우리나라 집이 100채라면)

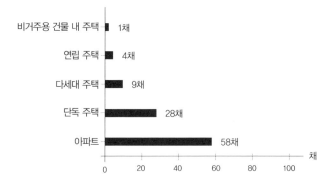

100채의 집 중 48채는 방이 4개가 있는 집이며, 16채는 방이 3개, 19채 는 방이 5개입니다. 방이 7개가 넘는 집도 9채가 있고, 6개는 5채, 2개는 2 채, 1개는 1채입니다.

주택당 방 수는 평균 4.8개입니다. 단독 주택은 방이 평균 6.6개인 데 비해 아파트와 연립 주택은 각각 4.1개와 4개입니다. 다세대 주택은 3.7 개, 비거주용 건물 내 주택은 평균 5.3개의 방이 있습니다. 단, 여기서 주 의할 게 있습니다. 거실과 부엌도 각각 1개의 방으로 계산돼 있다는 점입니다.

집의 크기를 보면 39채는 18평(전용 면적) 이하의 소형 주택이고, 42채는 18~30평 이하의 중형 주택이며, 19채는 30평이 넘는 대형 주택입니다.

아파트 58채 중 소형과 중형 크기는 각각 25채이고, 나머지 8채는 대형 주택입니다. 여기서 면적은 전용 면적으로 아파트의 경우 주차장이나 엘리베이터 또는 계단 등 공용 면적을 뺀 것, 다시 말하면 현관 문을 열고 들어가면 나오는 거실, 방, 부엌, 화장실 등 가족들이 생활하는 공간을 가리킵니다. 흔히 33평형 아파트라 할 때는 공용 면적이 모두 포함된 것이고 전용 면적으로는 25.7평입니다.

2010년 기준으로 15채는 지은 지 5년이 안 됐고 39채는 지은 지 6~15년이 된 집입니다. 36채는 지은 지 15년은 넘었지만 30년은 안 된 집이며, 나머지 10채는 30년이 넘은 낡은 집입니다.

83채는 집값이 2억 5,000만 원에 못 미치며, 이 가운데 63채는 1억 2,500만 원이 안 되는 싼 집입니다. 8채는 2억 5,000~3억 7,500만 원 사이이며, 5채는 3억 7,500만~6억 원 사이입니다. 특히 4채는 6억 원이 넘는 매우 비싼 집입니다 (2008년 가격 기준).

2010년 기준으로 37채는 집을 두 채 이상 가진 8%의 가구가 소유하고 있는데, 이 가운데 18채는 집을 세 채 이상 소유한 집 부자들이 갖고 있습니다. 54채는 집을 한 채 갖고 그 집에서 사는 46%의 가구가 갖고 있고, 나머지 8채는 집을 역시 한 채 갖고 있으나 자신은 셋방에 살고 있는 7%의 가구가 소유하고 있습니다. 나머지 한 채는 친척집이나 직장 사택에 무상으로 사는 1%의 가구가 소유하고 있습니다.

집 소유 현황 (우리나라 집이 100채라면)

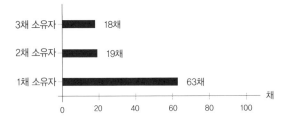

3채 소유자 ▬ 18채

2채 소유자 ▬ 19채

1채 소유자 ▬▬▬ 63채

채

0   20   40   60   80   100

우리나라에 100가구가 산다면

이번에는 가족 즉, 가구(家口)를 살펴보겠습니다.

2010년 기준으로 우리나라에 사는 4,858만 명의 인구는 가구당 2.8명씩 1,757만 가구를 이루고 있습니다. 이 가운데 21만 가구는 외국인 가구이고 2만 가구는 기숙사, 고아원 또는 양로원 등에서 가족이 아닌 남남끼리 6명 이상 무리를 지어 사는 '집단 가구'입니다.

이들 외국인 가구와 집단 가구를 제외한 1,734만 가구를 '일반 가구'라 하는데, 이 기준으로는 가구당 평균 가구원이 2.7명입니다.

일반 가구를 100가구로 치고 다음과 같이 살펴보겠습니다.

여러분 가족 중에 혼자 사는 사람이 있지요? 직장이나 학교 때문에 가족과 떨어져 사는 경우도 있고 할아버지, 할머니 가운데도 혼자 사시는 분이 계시지요. 이 경우를 '1인 가구' 또는 '나 홀로 가구'라 합니다.

우리나라가 100가구가 사는 나라라면 가구원, 다시 말해 식구가 한 명인 나 홀로 가구가 24가구에 달합니다. 이 가운데 5가구는 30세 미만이고 다른 5가구는 70세 이상 할아버지 또는 할머니랍니다. 가구 중 식구가 2명인 가구는 24가구, 3명은 21가구, 4명은 23가구, 5명 이상은 8가구입니다.

다시 말하면 100가구 중 69가구가 식구가 3명 이하이고, 그중 48가구는 2명 이하입니다. 핵가족이란 말 들어 보셨을 텐데요, 실제로 1980년 가구당 4.6명이었던 식구 수는 30년 만에 2.7명으로 줄어들었습니다.

여러분 가운데 할아버지, 할머니와 함께 사는 사람 있나요? 엄마, 아빠

그리고 할아버지나 할머니를 모시고 사는 경우를 3세대 이상 가구라 하는데요, 100가구 중 6가구가 여기에 해당합니다. 또 100가구 중 부모와 자녀가 함께 사는 2세대 가구는 51가구, 부부끼리만, 또는 형제자매끼리만 사는 1세대 가구는 18가구입니다. 24가구는 앞에서 봤듯이 나 홀로 사는 가구입니다. 나머지 1가구는 혈연 관계가 없는 사람끼리 모여 사는 '비혈연 가구'입니다.

가구원 형태 (우리나라에 100가구가 산다면)

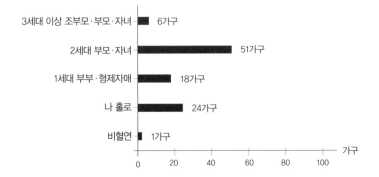

이번에는 주거 형태 즉, 어떤 종류의 집에 사는지 살펴보겠습니다. 아파트에 사는 가구가 47가구로 가장 많습니다. 두 번째는 단독 주택에 사는 가구로 40가구입니다. 나머지 가구 중 7가구는 다세대 주택에, 3가구는 연립 주택에 살고, 상가 내 건물이나 오피스텔 등에도 3가구가 삽니다.

여러분은 태어나서 지금까지 몇 번이나 이사를 했나요? 부모님은 어떠실까요?

우리나라 사람들은 이사를 너무 자주 다니고 있습니다. 100가구 가운데 현재의 집에 10년 이상 살고 있는 가구는 27가구에 지나지 않습니다. 또 21가구는 5~10년간 살고 있습니다. 그러나 52가구는 5년이 채 되지 않았고 그중 31가구는 2년도 채 살지 못했습니다. 국민의 절반 이상이 최소한 5년에 한 번씩 이삿짐을 싸고, 국민의 3분의 1이 2년에 한 번씩 이사 다니는 셈이지요.

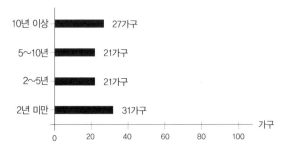

거주 기간 (우리나라에 100가구가 산다면)

10년 이상　27가구

5~10년　21가구

2~5년　21가구

2년 미만　31가구

0　20　40　60　80　100　가구

100가구 가운데 54가구가 자기 집에 살고 있으며, 43가구는 셋방에 살고 3가구가 무상으로 살고 있습니다.

이 중 셋방 사는 43가구는 더 자주 이사를 다니고 있습니다. 43가구 중 무려 33가구가 5년에 한 번씩, 그중 23가구는 2년에 한 번씩 이삿짐을 싸고 있으니까요. 셋방 사는 43가구 중 10년 이상 한집에 머물러 사는 가구는 3가구에 불과합니다. 2년에 한 번씩 이사를 할 경우 고등학교 졸업할 때까지 전학을 몇 번 해야 할까요? 이런 것만 봐도 사는 게 얼마나 고달픈지 알 수 있겠지요.

한편 100가구 가운데 3가구는 재래식 화장실을 사용하고 있거나, 화장실이 없어 공동 화장실을 이용합니다. 또 2가구는 목욕 시설이 없거나 따뜻한 물이 나오지 않으며, 2가구는 입식 부엌 시설이 갖춰져 있지 않거나 아예 부엌이 없어 불편을 겪고 있습니다. 화장실, 부엌, 목욕 시설이 제대로 갖춰지지 않은 것 외에도 식구 수에 비해 지나치게 좁은 집에 살고 있거나, 한 방에 여럿이 산다든지, 스무 살이 다된 오빠와 동생이 같은 방을 쓰는 등 불편을 겪는 사람이 많습니다.

주거 생활에서 최소한의 인간다운 생활을 하기 위해 법으로 정해 놓은 기준이 최저 주거 기준입니다. 그런데 100가구 중 최소 12가구가 최저 주거 기준 이하의 상태에서 살고 있습니다.

또 100가구 중 4가구는 (반)지하방이나 옥탑방, 또는 판잣집, 비닐집, 쪽방같이 사람이 살기에는 적절하지 않은 곳에서 살고 있습니다.

우리나라 인구가 100명이라면

이번에는 인구에 대해 살펴보겠습니다.

2010년 기준으로 우리나라 인구는 4,858만 명입니다. 이 가운데 98.8%인 4,799만 명은 한국인이며, 나머지 1.2%인 59만 명은 외국인입니다.

우리나라가 100명이 사는 나라라면 50명이 여성이고 50명은 남성입니다. 23명은 경기도에, 20명은 서울에, 6명은 인천에 사는 등 모두 49명이

지역별 거주 현황 (우리나라 인구가 100명이라면)

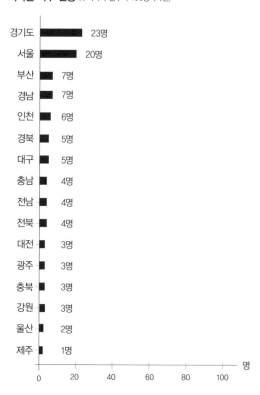

수도권에 삽니다. 또 7명은 부산에, 다른 7명은 경남에, 5명은 경북에, 다른 5명은 대구에 삽니다. 충남, 전북, 전남에는 4명씩 살고 광주, 대전, 강원, 충북에는 3명씩 삽니다. 울산에는 2명이, 제주에는 1명이 삽니다. 또 82명은 도시에 살고 18명은 농촌에 삽니다.

여기까지는 외국인을 포함해 살펴봤는데요, 지금부터는 한국인에 대해서만 보겠습니다.

우리나라 인구(한국인)가 100명이면 23명은 어린이와 청소년이며(20세 미만), 이 가운데 10명은 10살이 안 된 어린이입니다. 77명은 어른인데 이 가운데 11명은 65살 이상 노인입니다.

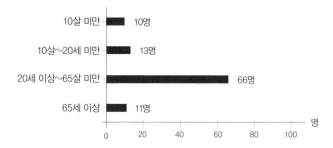

인구 현황 (우리나라 인구가 100명이라면)

종교 인구로 살펴보면 53명은 종교가 있는데, 23명은 불교 신자이고 18명은 개신교, 11명은 천주교 신자이며, 1명은 다른 종교 신자입니다(종교 인구 현황은 2005년 기준임).

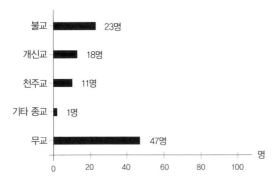

종교 현황(우리나라 인구가 100명이라면)

불교 23명
개신교 18명
천주교 11명
기타 종교 1명
무교 47명

    0   20   40   60   80   100   명

　인구 100명(5세 이상) 중 8명은 육체적·정신적 장애로 일상생활을 하는 데 어려움을 겪고 있습니다. 이 가운데 5명은 몸이 불편해 계단을 오르내린다거나 물건을 옮기거나 걷는 데 어려움을 겪고 있고, 2명은 보고 듣고 말하는 데 어려움이 있으며, 1명은 치매 등 정신 질환을 앓고 있습니다.

　100명 중(6세 이상) 7명은 초등학교에, 4명은 중학교에, 다른 4명은 고등학교에, 5명은 대학에 다니고 있습니다. 또 28명은 이미 대학을 졸업했는데 이 중 13명은 여성입니다. 중학생 4명 중 3명은 걸어서 학교를 오가며 1명은 버스나 승용차 또는 전철을 이용합니다. 반면 고등학생은 4명 중에서 1명이 걸어서 학교를 오갑니다.

　100명 중(5세 이상) 48명은 5년 넘게 현재 집에 살고 있습니다. 하지만 52명은 어디선가 새로 이사 온 사람입니다. 32명은 이웃 동이나 읍면에서 이사 왔습니다. 하지만 7명은 다른 시군구에서, 13명은 다른 시도나 더 먼 곳에서 이사 왔습니다.

우리나라 인구 100명 중 2명은 북한에 부모, 형제자매나 친척이 살고
있는 이산가족입니다(이산가족 현황은 2005년 기준임).

우리나라 취업자가 100명이라면

이번에는 우리나라 사람들의 취업이나 직장 생활을 알아보겠습니다. 여기서 아무래도 어린이나 청소년은 포함되지 않겠지요?

2010년 기준으로 직장에 다니거나 장사를 하는 등의 취업 인구는 2,220만 명입니다. 지금부터는 취업 인구를 100명으로 치고 이야기를 풀어 보겠습니다.

우리나라 취업 인구가 100명이라면 남자는 58명, 여자는 42명으로 남자가 훨씬 많습니다. 나이를 보면 40대가 28명으로 가장 많고 30대가 25명으로 뒤를 잇습니다. 또 20대는 15명, 50대는 20명이며, 60세 이상도 11명이 일을 하고 있습니다. 나머지 1명은 15~19세 사이의 10대입니다.

68명은 직장에 다니면서 봉급을 받는 노동자입니다. 17명은 혼자서 가게를 하거나 뭔가를 생산하고 있고, 7명은 가족의 사업체나 논밭에서 대

취업 인구 현황 (우리나라 취업자가 100명이라면)

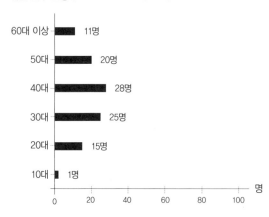

가를 받지 않고 일하고 있습니다. 또 다른 8명은 누군가를 고용해 사업하는 사업주입니다.

이번에는 직업을 볼까요? 100명 중 16명은 사무직으로 일하고, 12명은 물건을 파는 일을 하며, 다른 12명은 장치·기계 조직 및 조립 종사자입니다. 11명은 단순 노무직으로 일하고, 10명은 서비스업에 종사합니다. 9명은 기능원 및 관련 기능 종사자이며, 8명은 농업이나 임업, 어업에 종사합니다. 3명은 고위 임직원 또는 관리자입니다. 나머지 19명은 전문가이거나 관련 종사자입니다.

산업별로는 8명은 농·림·어업에 18명은 제조업에 종사합니다. 나머지 74명은 사회 간접 자본 및 기타 서비스업에 종사하는 데 이 중에서 도·소매업 종사자가 14명으로 가장 많고, 숙박 및 음식점업 8명, 교육 서비스업 7명, 건설업 7명, 운수업 5명, 협회 및 단체, 수리 및 기타 서비스업 5명 순으로 많습니다. 그 외에 금융, 보험, 출판 등 다양한 곳에 종사합니다.

취업자 100명 중 81명은 사업장에서 일하지만, 12명은 야외 작업 현장에서 일합니다. 또 4명은 운송 수단에서, 2명은 거리에서, 1명은 남의 집에서 일합니다.

지금까지 '우리나라가 100명의 마을이라면' 어떤지 살펴보았습니다. 이를 통해 무지개 빛깔처럼 다양한 사람들이 사는 모습과 부동산 즉, 땅과 집이 사람들의 생활에 어떻게 연관돼 있는지 등을 엿볼 수 있습니다.